SCÈNES DU CŒUR

Greta Thunberg est une militante écologiste suédoise engagée dans la lutte contre le réchauffement climatique. Elle a reçu plusieurs prix et distinctions pour son militantisme et a été élue Personnalité de l'année en 2019 par le magazine *Time*. La même année, elle est rentrée dans le classement du magazine *Forbes* des 100 femmes les plus influentes au monde.

GRETA THUNBERG
SVANTE THUNBERG
BEATA ERNMAN
MALENA ERNMAN

Scènes du cœur

TRADUIT DU SUÉDOIS PAR ALEX FOUILLET

KERO

Titre original :

SCENER UR HJÄRTAT
Publié par Bokförlaget Polaris, Stockholm, 2018.

ISBN : 978-2-253-10148-2 – 1re publication LGF

REJOIGNEZ-NOUS

Le manifeste de Greta Thunberg

C'est à huit ans que, pour la première fois, j'ai entendu parler du changement climatique, ou du réchauffement global. On m'a dit que c'était quelque chose que les humains avaient créé par leur seule façon de vivre. On m'a alors demandé d'éteindre les lumières pour économiser l'énergie et de recycler le papier pour protéger les ressources.

Je me souviens d'avoir pensé que c'était très étrange que les humains, qui ne sont rien d'autre qu'une espèce animale, soient capables de modifier le climat. Parce que si vraiment c'était le cas, on ne parlerait de rien d'autre. Si vraiment c'était en train d'arriver, dès qu'on allumerait la télévision, on n'entendrait parler que de cela ! Les gros titres, la radio, les journaux… Personne ne pourrait lire ou entendre parler de quoi que ce soit d'autre. Comme si une guerre mondiale avait éclaté. Ou quelque chose comme ça.

Mais personne n'en parlait jamais.

Si brûler de l'énergie fossile était si mauvais que cela et pouvait menacer notre propre existence, comment pouvions-nous continuer comme si de rien n'était ? Pourquoi n'y avait-il aucune restriction ? Pourquoi cela n'était-il pas illégal ?

Pour moi, cela n'avait aucun sens. C'était trop irréel.

Quand j'ai eu onze ans, je suis tombée malade, en dépression. J'ai cessé de parler et de m'alimenter. Et en deux mois, j'ai perdu près de dix kilos.

Un peu plus tard, on m'a diagnostiqué un syndrome d'Asperger, un trouble obsessionnel compulsif et un mutisme sélectif. Tout cela veut simplement dire que je parle uniquement quand cela est nécessaire. Comme c'est le cas maintenant.

Pour celles et ceux qui souffrent de la même chose, presque tout est soit blanc soit noir. On ne sait pas mentir et on a peu d'intérêt pour ce jeu social que beaucoup semblent particulièrement apprécier.

Et à bien des niveaux, je pense que nous, les autistes, sommes les « normaux » et que vous, les autres, êtes des gens plutôt étranges. Surtout au sujet de la crise environnementale : tout le monde s'accorde à dire qu'elle est une menace existentielle, le défi le plus important de notre époque, et pourtant personne ne bouge. Tout continue comme si de rien n'était.

Je ne comprends pas cela : car si les émissions carbone doivent s'arrêter, alors nous devons arrêter les émissions carbone. Pour moi, c'est blanc ou noir : il n'y a pas de zone grise quand on parle de survie. Soit on continue d'agir en tant que civilisation. Soit non. Nous devons changer.

Pour éviter un réchauffement de plus de 2 degrés, des pays comme la Suède doivent commencer à réduire leurs émissions de 15 % par an. Comme le Groupe d'experts intergouvernemental sur l'évolution du climat (GIEC) l'a récemment démontré, limiter le réchauffement à 1,5 degré aurait des effets considérables sur le climat. Mais nous sommes incapables d'imaginer ce que cela signifie en termes de réduction des émissions. On pourrait penser que chacun de nos hommes et femmes politiques, de nos médias, ne parlerait que de cela. Mais personne n'en parle jamais.

Tout comme personne ne parle jamais des gaz à effet de serre déjà emprisonnés dans l'atmosphère, ou de la pollution de l'air qui se cache aussi dans le réchauffement. À cause d'eux, même si nous arrêtions tout recours aux énergies fossiles, il y aurait déjà un réchauffement inévitable de l'ordre de 0,5 à 1 degré.

Tout comme personne ne parle jamais du fait que nous sommes en train de vivre la sixième extinction de masse : jusqu'à 200 espèces disparaissent chaque jour ; la vitesse d'extinction est de 1 000 à 10 000 fois supérieure à la normale.

De plus, personne ne parle jamais d'équité ou de justice climatique, des principes pourtant clairement posés au cœur de l'accord de Paris. Ils sont incontournables si nous voulons que l'accord fonctionne à l'échelle mondiale. Compte tenu des niveaux actuels d'émission, cela implique que les pays développés doivent parvenir à zéro émission dans les six à douze ans pour que les populations des pays les plus pauvres puissent se doter des infrastructures que nous possédons déjà, comme des routes, des hôpitaux, des centrales électriques et des écoles, ou encore l'accès à l'eau potable. Car comment pouvons-nous espérer que des pays comme l'Inde ou le Nigeria s'intéressent aux questions climatiques si nous, qui avons déjà tout, ne sommes pas capables d'y accorder la moindre seconde d'attention ? Ou d'accorder la moindre seconde d'attention à l'accord de Paris ?

Alors pourquoi ne réduisons-nous pas nos émissions ? Pire encore, pourquoi les laissons-nous augmenter ? Sommes-nous en train d'engendrer une extinction de masse en toute connaissance de cause ? Sommes-nous devenus diaboliques ?

Non, bien sûr que non. Les gens continuent à vivre comme avant parce que, pour la plupart, ils n'ont pas idée des conséquences que cela aura sur leur vie de tous les jours. Ils ne savent pas qu'un changement rapide est absolument vital. Nous pensons tous savoir et nous pensons tous que les autres savent, mais ce n'est pas le cas. Comment le pourrions-nous ? S'il y a vraiment une crise et si cette crise est causée par nos propres émissions, nous devrions voir des conséquences, non ? Pas seulement des villes inondées, des dizaines de milliers de personnes décédées et des nations entières réduites à des piles d'immeubles effondrés. Nous devrions voir des réglementations. Mais non. Peu de personnes parlent de ce sujet. Il n'y a pas de gros titre, de sommet d'urgence, de flash d'info. Personne n'agit comme si nous étions en crise. Même les plus grands scientifiques du climat ou les politiciens dits « verts » continuent de voyager autour du monde en avion, mangent de la viande et consomment des produits laitiers.

Si je vis jusqu'à cent ans, je verrai l'an 2103. Les dirigeants du monde, quand ils pensent au futur, ne voient jamais au-delà de 2050. Cette année-là, dans le meilleur des cas, je ne serai même pas à la moitié de ma vie. Et que va-t-il se passer ensuite ? En 2078, je célébrerai mon soixante-quinzième anniversaire. Si j'ai des enfants, peut-être passeront-ils la journée avec moi. Peut-être me poseront-ils des questions sur vous, les gens de 2019. Peut-être qu'ils me demanderont pourquoi vous n'avez rien fait alors qu'il était encore possible d'agir. Ce que nous faisons ou ne faisons pas maintenant, tout de suite, aujourd'hui, va affecter l'intégralité de ma vie et celle de mes enfants et de mes petits-enfants. Ce que nous faisons ou ne faisons pas maintenant, tout de suite, ne pourra pas être défait par ma génération.

Certains me disent que je ferais mieux d'aller à l'école. Que je ferais mieux d'étudier et de devenir à mon tour une scientifique du climat, pour « résoudre la crise climatique ». Mais la crise climatique a déjà été résolue. Oui, nous avons déjà tous les faits et les solutions. Tout ce dont nous avons besoin, c'est de nous réveiller et de changer.

Et pourquoi au juste est-ce que je devrais étudier pour un avenir qui pourrait bientôt ne plus exister parce que personne ne fait rien pour le sauver ? Quel est l'intérêt de suivre les enseignements du système scolaire quand les plus grands scientifiques issus du même système scolaire ne sont pas écoutés par nos politiques et nos sociétés ?

Beaucoup racontent que la Suède n'est qu'un tout petit pays et que son action importe peu. Mais si une poignée d'enfants peut faire la une des journaux du monde entier en n'allant pas à l'école pendant quelques semaines, imaginez ce que nous pourrions faire tous ensemble si seulement nous en avions envie ?

Et c'est là, en général, que les gens se mettent à évoquer l'espoir, les panneaux solaires, les éoliennes, l'économie circulaire et tout cela. Mais pas moi. Nous avons parlé de toutes ces choses pendant trente ans avec nos beaux discours et nos jolies histoires optimistes de changement. Je suis désolée, mais cela ne marche pas. Car si cela avait marché, les émissions auraient diminué. Et ce n'est pas le cas. Bien sûr, nous avons besoin d'espoir. Bien sûr. Mais nous avons encore plus besoin d'action. Quand on commence à agir, l'espoir est partout. Alors au lieu d'attendre l'espoir, cherchez l'action. Et c'est seulement à ce moment que l'espoir sera là.

Rien qu'aujourd'hui, nous utilisons 100 millions de barils de pétrole par jour. Il n'y a aucun parti, aucun programme politique pour changer cela. Il n'y a pas de législation pour maintenir ce pétrole dans le sol.

Nous ne pouvons donc pas sauver le monde en respectant les règles. Car les règles ont besoin d'être changées. Tout doit changer et cela doit démarrer aujourd'hui.

Il y a quelque temps, le climatologue Johan Rockström et d'autres scientifiques ont écrit que nous avions au mieux trois ans pour renverser la croissance des émissions de gaz à effet de serre si nous voulions respecter l'accord de Paris.

Des mois se sont écoulés. Et dans l'intervalle, d'autres scientifiques ont répété la même idée, beaucoup de choses ont empiré et les émissions de gaz à effet de serre ont continué d'augmenter. Il nous reste donc probablement encore moins de mois que Johan Rockström le prétend.

Si les gens savaient cela, ils n'auraient pas besoin de me demander pourquoi je me « passionne pour l'évolution du climat ».

Si les gens savaient que les scientifiques considèrent que nous n'avons que 5 % de chances de respecter l'accord de Paris, et si les gens savaient dans quel scénario cauchemardesque nous allons plonger si nous ne maintenons pas le réchauffement climatique sous la barre des 2 degrés, ils n'auraient pas besoin de me demander pourquoi je fais la grève de l'école devant le Parlement suédois.

Parce que si tout le monde savait à quel point la situation est grave et à quel point rien n'est fait, alors ils viendraient tous s'asseoir à nos côtés.

En Suède, nous vivons comme si nous avions les ressources de 4,2 planètes. Notre empreinte carbone figure parmi les dix pires au monde. Cela veut dire que, chaque année, la Suède vole les ressources de 3,2 planètes aux générations futures. Ceux d'entre nous qui appartiennent à ces générations futures aimeraient que la Suède arrête cela.

Tout de suite.

Ceci n'est pas un texte politique. Nos grèves pour le climat n'ont rien à voir avec la politique des partis.

Parce que le climat et la biosphère se fichent de nos politiques et de nos mots creux.

Seuls nos actes leur importent.

Ceci est un cri d'alarme.

À tous les journaux qui ne couvrent toujours pas le changement climatique alors que l'été dernier, tandis que les forêts de Suède brûlaient, ils titraient que le « climat était le défi de notre époque » ;

À vous tous qui n'avez jamais traité la crise climatique comme une crise ;

À tous les influenceurs qui sont toujours prêts à défendre n'importe quoi sauf le climat ;

À tous les partis politiques qui prétendent prendre la question climatique au sérieux ;

À vous, les politiciens qui nous ridiculisez sur les réseaux sociaux, qui me dénigrez pour que les gens puissent me traiter d'attardée mentale, de pute, de terroriste, et de bien d'autres choses encore ;

À vous tous qui décidez de regarder ailleurs parce que vous êtes plus effrayés par les changements nécessaires pour remédier à la catastrophe climatique que par la catastrophe climatique elle-même :

Il n'y a pas pire que votre silence.

Le futur de toutes les générations à venir repose sur vos épaules.

Celles et ceux d'entre nous qui sont toujours des enfants ne pourront pas changer ce que vous faites aujourd'hui quand ils seront en âge de le faire.

Chaque personne compte.

Tout comme chaque émission compte.

Chaque kilo.

Tout compte.

Alors s'il vous plaît, considérez la crise climatique comme la crise gravissime qu'elle est et donnez-nous un futur.

Nos vies sont entre vos mains.

Notre maison brûle.

Je suis là pour vous le dire : notre maison brûle.

Selon le GIEC, il ne reste que douze ans avant de ne plus pouvoir réparer nos erreurs.

Durant cette période, des changements sans précédent dans tous les pans de la société devront avoir lieu, et notamment une réduction des émissions de CO_2 de 50 %.

Et notez bien que ces chiffres ne prennent pas en compte les aspects d'équité, lesquels sont absolument nécessaires pour faire fonctionner l'accord de Paris à l'échelle mondiale.

De même qu'ils ne tiennent pas compte des points de bascule et effets rétroactifs comme celui de la fonte du permafrost en Arctique, qui libère du méthane à haute dose.

Dans certains endroits du monde, comme à Davos, les gens aiment se raconter des histoires de réussite. Mais leur réussite financière a un prix inimaginable. À propos du changement climatique, nous devons admettre que nous avons échoué sur toute la ligne.

Tous les mouvements politiques dans leur forme actuelle ont échoué.

Tous les médias ont échoué à alerter le grand public.

Mais les Homo sapiens n'ont pas encore échoué. Oui, nous sommes en train d'échouer, mais il est encore temps d'inverser le cours des choses. Nous pouvons encore résoudre le problème. Tout est encore entre nos mains.

Seulement, à moins de reconnaître l'échec généralisé de nos systèmes actuels, nous n'avons aucune chance.

Nous sommes face à un désastre de souffrances inimaginables pour d'immenses parties de la population. Et ce n'est plus le moment de parler poliment ou de réfléchir à ce qui peut être dit ou pas. C'est le moment de parler franchement.

Résoudre la crise climatique est le défi le plus complexe et le plus ambitieux que les Homo sapiens ont eu à affronter. La solution principale est pourtant si simple que même un enfant pourrait la comprendre. Il faut arrêter nos émissions carbone.

À nous de le faire ou pas.

Vous dites que rien dans la vie n'est jamais blanc ou noir.

Mais c'est un mensonge. Un mensonge très dangereux.

Soit nous parvenons à éviter un réchauffement de 1,5 degré. Soit non.

Soit nous parvenons à éviter de déclencher cette réaction en chaîne irréversible et hors de tout contrôle humain. Soit non.

Soit nous choisissons de rester une civilisation. Soit non.

Nous avons tous le choix. Nous pouvons mener des actions qui garantiront le changement et protégeront les conditions de vie des générations futures.

Ou nous pouvons poursuivre le cours de nos vies comme si de rien n'était. Et échouer.

Cela dépend de vous et moi.

Certains disent que nous ne devrions pas devenir des activistes. Que nous devrions laisser cela à nos politiques et voter pour qu'ils changent. Mais que faire au juste quand il n'y a aucune volonté politique ? Que faire quand les actions politiques dont nous avons besoin n'existent pas ?

À Davos, comme partout ailleurs, les gens ne parlent que d'argent. Comme si l'argent et la croissance étaient leurs uniques préoccupations.

Et puisque la crise du climat est une crise qui n'a jamais été traitée comme telle, les gens ne sont tout simplement pas au courant de ses conséquences sur leur vie de tous les jours.

Ils ne savent pas qu'il existe une chose comme le budget carbone[1] et qu'il n'en reste presque plus rien. Cela doit changer.

Aucun de nos défis actuels n'est plus essentiel que de faire comprendre au plus grand nombre la disparition rapide du budget carbone et l'importance d'en faire notre nouvelle monnaie de référence et le cœur des économies présentes et futures.

Nous sommes à un moment de l'Histoire où toute personne avec une idée sur la crise climatique qui menace notre civilisation et toute la biosphère doit parler.

Avec des mots simples.

Peu importe que cela soit inconfortable ou non rentable.

Nous devons changer à peu près tout dans nos sociétés.

Plus grande est votre empreinte carbone, plus grand est votre devoir moral.

---

1. Quantité maximale de carbone que nous pouvons émettre d'ici à 2050 pour ne pas dépasser un réchauffement de 2 degrés. (NdT)

Plus grande est votre audience, plus grande est votre responsabilité.

Les adultes continuent de dire : « C'est notre devoir de donner de l'espoir aux jeunes. »

Mais je ne veux pas de votre espoir.

Je ne veux pas que vous soyez pleins d'espoir.

Je veux que vous paniquiez.

Je veux que chaque jour vous ayez peur comme moi.

Et puis je veux que vous agissiez.

Je veux que vous agissiez comme si vous étiez en crise.

Je veux que vous agissiez comme si notre maison était en feu.

Parce qu'elle l'est.

Chaque vendredi, je m'assois au pied du Parlement suédois et je continuerai jusqu'à ce que la Suède respecte l'accord de Paris.

Je demande à tout le monde de faire de même, où que vous soyez : asseyez-vous au pied de votre Parlement ou devant des bureaux de votre gouvernement, jusqu'à ce que votre nation prenne toutes les mesures pour limiter le réchauffement global à 2 degrés.

Le mois dernier, le secrétaire général de l'ONU a annoncé que nous avions jusqu'à 2020 pour changer notre trajectoire et inverser la courbe des émissions pour respecter l'accord de Paris. Sinon le monde sera face à une menace existentielle. Vous n'avez pas besoin d'aller loin pour protester contre la crise du climat. Parce que le changement climatique est partout. Il suffit de vous rendre devant n'importe quel immeuble de votre gouvernement où que vous soyez sur Terre. N'importe quel siège de multinationale du pétrole ou de l'énergie. N'importe quels supermarché, rédaction, aéroport, station-service, producteur de viande ou chaîne de télévision dans le monde.

Personne ne fait ce qu'il faudrait.

Tout et chacun doit changer.

D'ailleurs, cela fait vingt-cinq ans que l'on manifeste pendant les conférences sur le climat des Nations unies, demandant aux dirigeants mondiaux d'arrêter les émissions carbone. Mais clairement, cela ne marche pas, et les émissions continuent d'augmenter.

Alors je ne vais rien leur demander.

Au lieu de cela, je vais demander aux médias de commencer à traiter cette crise comme une crise.

Au lieu de cela, je vais demander aux gens du monde entier de réaliser que nos leaders politiques nous ont mis en échec.

Des dizaines de milliers d'enfants ont fait la grève pour le climat dans les rues de Bruxelles ou Paris. Des centaines de milliers font de même partout dans le monde. Nous sommes en grève de l'école parce que nous, nous avons fait nos devoirs.

Les gens nous disent toujours qu'ils sont pleins d'espoir. Qu'ils espèrent que les jeunes sauveront le monde. Mais nous n'allons pas sauver le monde. Il ne reste pas suffisamment de temps pour que nous grandissions et prenions les commandes. Parce qu'en 2020, nous devons avoir inversé la courbe de nos émissions carbone. C'est l'an prochain !

Nous savons que les hommes et femmes politiques ne veulent pas nous parler. Très bien, nous ne voulons pas leur parler non plus. À la place, nous voulons qu'ils parlent aux scientifiques, qu'ils les écoutent enfin. Parce que nous ne faisons que répéter ce qu'ils disent et redisent depuis des décennies. Nous voulons que vous respectiez l'accord de Paris et les préconisations des rapports du GIEC. Nous n'avons aucun autre manifeste politique ou demande que celle-là : écoutez la science !

Quand la plupart des politiques parlent des grèves de l'école pour le climat, ils parlent d'à peu près tout sauf de la crise du climat. Beaucoup d'entre eux détournent la question et débattent de savoir si nous sommes en train d'encourager l'absentéisme. Ou si nous ne devrions pas plutôt aller à l'école. Ils inventent toutes sortes de conspirations et font de nous des marionnettes incapables de penser par elles-mêmes. Ils font tout ce qu'ils peuvent pour détourner l'attention de la crise du climat et changer de sujet. Ils ne veulent pas en parler parce qu'ils savent très bien qu'ils ne peuvent pas gagner cette bataille. Ils savent très bien qu'ils n'ont pas fait leurs devoirs. Mais nous, nous les avons faits.

Si vous aviez fait vos devoirs, vous comprendriez que nous avons besoin d'un nouveau projet politique. Nous avons besoin d'une économie totalement repensée en fonction de ce qu'il reste de notre budget carbone déjà faible. Mais cela n'est pas suffisant. Oui, nous avons besoin d'une toute nouvelle façon de penser. Le système politique que vous avez créé ne fonctionne que sur le principe de compétition.

Vous trichez autant que vous le pouvez puisque le plus important, c'est de gagner. Uniquement pour avoir plus de pouvoir. Nous devons arrêter cela, nous devons arrêter de nous battre les uns contre les autres en permanence. Nous devons coopérer et partager les ressources de la planète de façon équitable. Nous devons commencer à vivre dans les limites de ce que la planète propose, à nous concentrer sur les questions d'équité, et prendre quelques pas de recul au nom de la vie des différentes espèces. Il faut que nous protégions la biosphère. L'air. Les forêts. La terre.

Cela paraît bien naïf. Mais si vous aviez fait vos devoirs, vous sauriez que nous n'avons pas d'autre choix. Nous devons utiliser chaque parcelle de notre être pour stopper le changement climatique. Car si nous n'y parvenons pas, tous nos progrès et accomplissements n'auront servi à rien. Et l'héritage politique de nos dirigeants actuels sera le plus grand échec de toute l'histoire de l'humanité. On se souviendra d'eux comme des pires criminels de tous les temps parce qu'ils auront décidé de ne pas écouter et de ne pas agir. Mais cela pourrait être différent. Il est encore temps.

On nous dit que l'Union européenne entend poser son objectif de réduction des émissions carbone à 45 % en dessous des émissions de 1990, d'ici à 2030. Certains disent que c'est bien, que c'est ambitieux. Mais cet objectif ne suffira toujours pas à maintenir le réchauffement climatique sous la barre des 1,5 degré. Cet objectif ne suffit pas à protéger le futur des enfants d'aujourd'hui. Si l'Union européenne entend sérieusement s'engager à limiter le réchauffement climatique à 2 degrés, elle doit réduire ses émissions carbone de 80 % d'ici à 2030 (et cela inclut le transport aérien et maritime). C'est donc deux fois plus ambitieux que la proposition actuelle.

Les actions requises vont au-delà de tout manifeste ou parti politique.

À nouveau, nos dirigeants ont glissé leur désastre sous le tapis pour que notre génération le nettoie ensuite.

Certains disent que nous nous battons pour notre futur, c'est faux. Nous ne nous battons pas pour notre futur. Nous nous battons pour le futur de tout le monde. Et si vous pensez que nous ferions mieux d'aller à l'école, alors nous suggérons que vous nous remplaciez dans la rue, que vous fassiez la grève vous-mêmes. Ou plutôt, que vous nous rejoigniez pour accélérer les choses.

Et pardonnez-moi, mais dire que tout va très bien se passer tout en continuant à faire comme avant ne nous donne aucun espoir. C'est même l'opposé de l'espoir. Et pourtant c'est exactement ce que vous faites. Vous ne pouvez pas rester sans rien faire à attendre que l'espoir vous tombe dessus. Ou alors vous agissez comme des enfants irresponsables et gâtés. Vous n'avez pas l'air de comprendre que l'espoir est une chose que vous devez aller chercher, que vous devez gagner. Et si vous êtes encore là, à raconter que « nous sommes en train de gâcher notre précieux temps d'apprentissage », alors laissez-moi vous rappeler que nos dirigeants ont gâché des décennies en déni et inaction. Et comme le temps est en train de nous échapper, nous avons décidé d'agir. Nous avons commencé à nettoyer votre désastre. Et nous ne nous arrêterons pas tant que nous n'aurons pas fini.

Depuis quelque temps, je suis l'objet de rumeurs et d'un flot de haine d'une intensité incroyable. Cela ne me surprend aucunement. Je sais que, comme la plupart des gens ne saisissent pas l'ampleur de la crise du climat (ce qui est compréhensible car elle n'a jamais été traitée en tant que telle), une grève de l'école pour le climat leur semble étrange. Alors permettez-moi de clarifier deux ou trois choses me concernant.

En mai 2018, j'ai figuré parmi les gagnants d'un concours d'articles concernant l'environnement organisé par le *Svenska Dagbladet*, un journal suédois. Mon texte a été publié et quelques personnes m'ont écrit, comme Bo Thorén, de Fossil Free Dalsland. Il dirigeait un groupe de travail, surtout avec des jeunes qui voulaient faire quelque chose contre le changement climatique.

À cette occasion, j'ai eu plusieurs rendez-vous téléphoniques avec d'autres activistes. Le but était de dresser une liste d'idées nouvelles susceptibles d'attirer l'attention sur la crise climatique. Bo a émis quelques idées d'actions, de l'organisation de marches jusqu'au projet assez vague de grève de l'école (que les enfants feraient dans la cour de récréation ou en classe). C'était directement inspiré des lycéens de Parkland, qui avaient refusé de retourner à l'école après la tuerie qui y avait eu lieu.

J'ai bien aimé l'idée d'une grève de l'école. Alors je l'ai développée et j'ai essayé de mobiliser quelques jeunes autour de moi. Mais personne n'était vraiment intéressé. Ils pensaient qu'une version suédoise des marches du mouvement Zero Hour aurait plus d'impact. J'ai donc fait la grève de l'école toute seule et j'ai arrêté de discuter avec eux.

Quand j'ai annoncé mon projet à mes parents, ils ne l'ont pas adoré. Ils ne soutenaient pas l'idée d'une grève de l'école et ils m'ont dit que si je me lançais, ce serait toute seule, sans aucune aide de leur part.

Le 20 août 2018, je me suis assise au pied du Parlement suédois. J'ai distribué des tracts avec une longue liste de faits et données au sujet de la crise du climat et des explications sur mon acte. Puis j'ai tout de suite posté sur Twitter et Instagram ce que j'étais en train de faire. Et c'est vite devenu viral. Des journalistes ont alors commencé à venir me voir. Un entrepreneur suédois, plutôt actif dans la mouvance écologiste, Ingmar Rentzhog, fut l'un des premiers à arriver. Il m'a parlé et a pris quelques photos qu'il a postées sur Facebook. C'était la première fois que je le rencontrais ou lui parlais. Je ne l'avais jamais vu auparavant.

Beaucoup de gens aiment répandre des rumeurs affirmant « qu'il y a des gens derrière moi », que je suis « payée » ou « utilisée » pour faire ce que je fais. Mais la seule personne derrière moi, c'est moi-même ! Mes propres parents étaient tout sauf des activistes du climat jusqu'à ce que je les rende conscients de la catastrophe.

Je n'appartiens à aucune organisation. Il m'arrive de soutenir ou de coopérer avec plusieurs ONG qui travaillent pour le climat ou l'environnement. Mais je suis entièrement indépendante et ne représente que moi-même. Je fais cela de façon bénévole, je ne reçois d'argent ou de promesse de gain de personne. Personne, lié à moi ou à ma famille, n'en profite.

Et bien sûr, cela restera comme ça. Je ne connais aucun activiste du climat qui fait cela pour l'argent. Cette idée est totalement absurde.

Aussi, je ne voyage qu'avec la permission de mon école et mes parents paient pour mes billets et hébergements.

Et oui, j'écris mes propres discours. Mais comme je sais qu'ils vont toucher beaucoup de monde, je demande souvent conseil. Il y a quelques scientifiques auxquels je demande régulièrement de l'aide sur la manière de m'exprimer sur certaines questions complexes. Je veux que tout ce que je dis soit parfaitement exact afin de ne véhiculer aucune fausse information, ou chose qui pourrait être mal comprise.

Certaines personnes se moquent de moi parce que je suis Asperger. Mais c'est tout sauf une maladie. C'est un cadeau ! Des gens disent que, parce que je suis Asperger, je ne peux pas, par définition, endosser ce rôle. Mais c'est exactement la raison pour laquelle j'y suis parvenue ! Parce que si j'avais été « normale » et sociable, j'aurais rejoint une organisation ou monté la mienne. Mais comme je ne sais pas me mêler aux autres, j'ai fait cela à la place. J'étais tellement frustrée que rien ne soit entrepris contre la crise climatique que j'ai senti que je devais faire quelque chose, quoi que ce soit. Et parfois, ne RIEN faire, comme s'asseoir à l'extérieur de son Parlement, en dit plus long que tout ce que vous pourriez faire. Un murmure peut être plus puissant qu'un cri.

Il y a aussi cette idée que « je parle et j'écris comme une adulte ». À ceux qui pensent cela, je réponds : Ne pensez-vous pas qu'une personne de seize ans puisse parler pour elle-même ? D'autres considèrent que je simplifie trop les choses, quand je dis par exemple que « la crise du climat se réduit à un choix entre blanc ou noir », que « nous devons arrêter les émissions de carbone », ou que « je veux que vous paniquiez ». Mais je dis seulement cela parce que c'est vrai. Oui, la crise du climat est le défi le plus complexe que nous ayons à affronter, et cela va requérir tout de nous pour que nous puissions « l'arrêter ». Et la solution est bien blanche ou noire : nous devons cesser les émissions de gaz à effet de serre.

Et quand je dis que je veux que vous paniquiez, je veux dire que nous devons traiter cette crise comme une urgence absolue. Quand votre maison est en feu, vous ne vous asseyez pas pour parler de combien elle sera belle quand elle sera reconstruite une fois que vous aurez éteint les flammes. Si votre maison brûle, vous courez dehors et vous vous assurez que tout le monde a pu s'échapper pendant que vous appelez les pompiers. Cela demande un certain niveau de panique.

Il y a un autre argument contre lequel je ne peux rien, c'est que je suis juste une enfant et que « nous ne devrions pas écouter les enfants ». Cela peut facilement se résoudre : écoutez la science à la place. Parce que si tout le monde écoutait les scientifiques et les faits auxquels je me réfère tout le temps, personne n'aurait à m'écouter moi ou les centaines de milliers d'enfants en grève de l'école pour le climat, et ce partout dans le monde. Alors nous pourrions tous retourner à l'école. Je suis juste une messagère. Et pourtant, je fais l'objet de tant de haine. Je ne dis rien de nouveau, seulement ce que les scientifiques répètent depuis des années. Et je suis d'accord avec vous, je suis trop jeune pour cela.

Cela ne devrait pas être aux enfants de faire cela. Mais votre attitude ne nous laisse pas le choix et nous pensons qu'il faut que nous continuions.

Merci à vous tous pour votre soutien ! Cela me donne de l'espoir.

Édité et traduit de l'anglais par Flore Vasseur

I

DERRIÈRE LE RIDEAU

Car le temps passe.
Le soleil mourra à 7 heures.
Dites, les experts en ténèbres,
qui va briller sur nous, désormais ?
Qui va allumer un contre-jour occidental,
qui va faire un rêve oriental ?
Apportez une lanterne, qui que vous soyez !
De préférence toi.

Werner ASPENSTRÖM, *Élégie*

Ceci aurait pu être mon histoire. Presque comme une autobiographie, si on avait voulu en écrire une.

Mais les autobiographies ne m'intéressent pas tant que ça.

Pour moi, il y a des choses plus importantes.

Svante et moi, nous avons écrit cette histoire avec nos filles. C'est une histoire qui parle d'une crise qui a tué notre famille.

Elle parle de Greta et de Beata.

Mais c'est avant tout le récit de la crise qui nous entoure et nous touche tous. Celle que nous, les humains, nous avons créée par notre mode de vie : au-delà de la durabilité, séparés de la nature dont nous faisons tous partie. Certains le nomment surconsommation, d'autres crise climatique.

L'écrasante majorité des gens semble croire que cette crise a lieu assez loin d'ici et qu'elle ne nous tuera pas avant très longtemps.

Mais ce n'est pas vrai.

Car elle est déjà là et présente tout autour de nous, tout le temps, de bien des façons. À la table du petit déjeuner, dans les couloirs des écoles, dans les rues, les maisons et les appartements. Dans les arbres de l'autre côté de votre fenêtre, dans le vent qui décoiffe vos cheveux.

Nous aurions peut-être dû attendre un peu avant de parler de certains thèmes que Svante, les enfants et moi avons décidé d'aborder après maintes hésitations.

À présent, nous avons plus de recul.

Pas en ce qui nous concerne, en ce qui *vous* concerne.

Ça aurait sûrement été plus agréable. Un peu plus raisonnable.

Mais nous n'avons pas ce temps. Si nous voulons avoir une chance, nous devons commencer à révéler cette crise dès maintenant.

Quelques jours avant la publication de ce livre, en Suède en août 2018, notre fille Greta Thunberg est allée s'installer devant le Parlement lancer sa grève scolaire pour le climat – une grève qui se poursuit, aussi bien à Mynttorget, dans le quartier de Gamla Stan, qu'en de nombreux endroits dans le monde.

Depuis, beaucoup de choses ont changé. Pour elle comme pour nous en tant que famille.

Certains jours, on pourrait presque croire à un conte de fées.

Cette édition enrichie propose de nouvelles scènes datant de l'été 2018 et décrit ce qui s'est passé au début de la grève pour le climat de Greta.

Malena Ernman, mai 2019

P-S : Avant la première parution de ce livre, nous avons déclaré que les bénéfices éventuels seraient intégralement reversés à Greenpeace, le WWF, Lära med Djur, Fältbiologerna, Kung över Livet, Naturskyddsföreningen, Barn i Behov et Djurens Rätt, le tout par le biais d'une fondation que nous avons créée.

Et c'est ce que nous avons fait.

Car Greta et Beata l'ont décidé.

SCÈNE 1

Une dernière soirée à l'Opéra

La scène est libre.

L'orchestre accorde ses instruments une dernière fois, et la lumière s'éteint dans le salon. Je me tiens à côté du chef Jean-Christophe Spinosi ; nous n'allons pas tarder à passer la porte pour prendre place.

Tout le monde est heureux ce soir. C'est la dernière représentation et demain, chacun pourra regagner ses pénates. Passer au boulot suivant. Rentrer en France, en Italie ou en Espagne. Rentrer à Oslo et Copenhague. Poursuivre à Berlin, Londres et New York.

Les dernières représentations se sont déroulées un peu comme dans un état de transe.

Tous ceux qui ont un jour travaillé sur une scène savent de quoi je parle. Parfois, une espèce de courant se crée ; une énergie croît dans l'interaction entre la scène et le public et provoque une réaction en chaîne qui continue de représentation en représentation, de soirée en soirée. C'est comme de la magie. La magie du théâtre et de l'opéra.

L'heure est venue de la dernière représentation de *Xerxès*, de Haendel, au musée d'art Artipelag, dans l'archipel de Stockholm. Nous sommes le 2 novembre 2014, et ce soir je chanterai mon dernier opéra en Suède. Mais personne ne le sait.

Ce soir, je chanterai mon tout dernier opéra.

L'ambiance est électrique, et tous ceux qui sont derrière la scène se déplacent de quelques centimètres sur le sol de béton presque tout neuf d'Artipelag.

L'équipe de tournage est prête aussi. Nous enregistrons le spectacle au moyen de huit caméras, c'est une production complète.

Le son de neuf cents personnes infiniment silencieuses nous parvient par la porte. Le roi et la reine sont là. Tout le monde est là.

Je suis agitée. J'essaie de respirer, mais en vain. Mon corps penche tout le temps vers la gauche, et je transpire. J'ai des fourmis dans les mains. Ces sept dernières semaines ont été un long cauchemar ininterrompu, sans possibilité de repos. Aucun répit, où que ce soit. Je me sens fléchir, mais le malaise est encore très loin. Comme victime d'une attaque de panique.

Comme si je venais de heurter une paroi vitrée, en restant figée dans ma chute. J'attends le choc. La douleur. Le sang, la fracture et les sirènes d'ambulance.

Mais il ne se passe rien. Tout ce que je vois, c'est moi-même, suspendue face à cette fichue paroi vitrée qui se dresse devant moi, sans la moindre fissure.

« Je ne me sens pas bien.

— Assieds-toi. Tu veux un peu d'eau ? »

Nous parlons français, le chef d'orchestre et moi.

Soudain, mes jambes ne me portent plus. Je tombe. Jean-Christophe me retient dans ses bras.

« Ce n'est pas grave. On maintient la représentation. Ils attendront. J'en prends la responsabilité, je suis français. Les Français sont toujours en retard. »

Quelqu'un rigole.

J'ai hâte de rentrer après la représentation. Ma cadette, Beata, fête ses neuf ans demain, et j'ai plein de choses à faire à la maison. Mais pour l'heure, je ne bouge plus. Évanouie dans les bras du chef d'orchestre.

Quelqu'un me passe une main prudente sur le front.

Tout s'obscurcit.

SCÈNE 2

L'usage

J'ai grandi dans une maison mitoyenne de Sandviken. Maman était diacre et papa travaillait au service de l'économie et des impôts de Sandvik. J'ai une sœur, Vendela, de trois ans ma cadette, et un frère plus jeune que moi de onze ans, Karl-Johan, que maman a appelé ainsi en hommage à Loa Falkman[1] parce qu'elle le trouvait très chic.

C'est le seul rapport avec l'opéra et avec la musique classique qui me vienne de chez moi.

Nous chantions beaucoup. De la pop, ABBA, John Denver… Et nous étions dans l'ensemble une famille de province très classique. La seule chose qui nous distinguait des autres, c'était peut-être l'engagement sans faille de mes parents pour les personnes dans le besoin.

Chez nous, à Vallhov, l'humanisme dominait, et il était évident pour tout le monde qu'on devait tenter d'aider les personnes qui en avaient besoin. Une tradition familiale que ma mère tenait de son père,

1. Nom de scène de l'acteur et chanteur baryton Carl-Johan Falkman (1947-).

Ebbe Arvidsson, personnage haut placé dans l'Église suédoise et pionnier en matière d'assistance œcuménique et moderne. Mon enfance et mon adolescence ont donc été peuplées de pensionnaires réfugiés et de sans-papiers.

Il y avait parfois un peu de désordre. Mais ça allait.

Quand nous partions, c'était pour aller voir la meilleure copine de maman, une nonne, et nous avons passé quelques étés dans son couvent, dans le nord de l'Angleterre. Je crois que c'est pour cette raison que je pousse autant de jurons sur scène. Une espèce de révolte puérile et chronique qui ne passera jamais pour de bon.

Mais à cela près que nous passions nos étés dans les dortoirs de couvents anglais et que nous hébergions des réfugiés dans le garage, nous étions exactement comme tous les autres.

Comme je l'écrivais, nous chantions, et j'adorais chanter, je chantais tout le temps.

Je chantais absolument de tout – plus le morceau était difficile, plus c'était amusant.

Si, bien plus tard, je suis devenue chanteuse d'opéra, c'est probablement parce que j'adore les défis. L'opéra a fini par devenir ce qu'on pouvait chanter de plus difficile et de plus ludique.

SCÈNE 3

Les professionnels de la culture

Je monte sur scène pour chanter devant un public depuis que j'ai six ans. Chœurs d'église, groupes vocaux, jazz-bands, comédies musicales, opéra. Mon amour pour le chant ne connaît pas de limites – je ne veux surtout pas appartenir à un style ou être placée dans un registre. Je couvre tous les domaines possibles et imaginables. Je chante absolument tout, pourvu que ce soit de la bonne musique.

Dans le show-business, on dit souvent que plus vous vous distinguez en tant qu'artiste, plus vous écrirez ensuite de livres de cuisine – et mes livres de cuisine, plus encore que pour les autres artistes, brillent par leur absence.

Mais ces quinze dernières années, en tout cas à mes propres yeux, j'ai suivi un fil rouge assez net en tentant d'associer haut niveau artistique et diversité de publics. J'ai voulu rendre ce qui était difficile un peu plus facile, le raffiné un peu moins raffiné, le restreint un peu plus large. Et inversement.

J'ai tracé ma propre route. Toujours à contre-courant et presque toujours seule. Sauf quand Svante m'accompagnait, bien sûr.

Ce qui, depuis le début, était instinctif et intuitif s'est transformé au fil des ans en méthode. Presque comme une responsabilité, j'ai la conviction que celui qui a la possibilité de perfectionner ce qu'il fait a aussi le devoir d'essayer.

Svante et moi appartenons à la petite minorité qui a fini par avoir cette possibilité.

Et nous avons essayé.

Nous sommes des professionnels de la culture. Formés dans des écoles supérieures d'opéra, de musique et de théâtre, avec déjà derrière nous une carrière dans le milieu, en tant que free-lance ou non. Nous faisons ce que tous les professionnels de la culture sont programmés pour faire. Nous travaillons d'arrache-pied pour assurer notre avenir et atteindre notre éternel objectif : toucher de nouveaux publics.

Nous venons d'horizons très éloignés, mais nous avons le même objectif, depuis le début.

Nous sommes différents, mais semblables.

Quand j'étais enceinte de notre premier enfant, Greta, Svante travaillait à l'Östgötateatern, au Riksteatern et à l'Orionteatern. En même temps. Pour ma part, j'étais liée par des contrats courant sur plusieurs années à venir, dans différents opéras un peu partout en Europe. À des milliers de kilomètres l'un de l'autre, nous réfléchissions au téléphone à la façon de faire fonctionner notre nouveau quotidien.

« Tu es l'une des meilleures au monde dans ton domaine. Je l'ai lu dans au moins dix magazines, et moi je ne suis qu'une espèce de bassiste dans des théâtres suédois. Et tu gagnes tellement plus que moi. »

J'ai protesté sans grand enthousiasme, mais le choix était fait, et après sa dernière représentation, Svante est venu me rejoindre à Berlin.

Le lendemain, le portable de Svante a sonné. Il a décroché et a discuté pendant plusieurs minutes sur le balcon au-dessus de Friedrichstrasse. C'était la fin mai, la chaleur était déjà lourde. Nous étions ensemble depuis moins de six mois.

« Putain, plus typique, tu meurs ! a-t-il rigolé après avoir raccroché.

— Qui était-ce ?

— Erik Haag et un autre gars. Ils ont vu la représentation à l'Orion la semaine dernière. »

Svante avait joué avec Helena af Sandeberg dans une pièce d'Irvine Welsh, l'auteur de *Trainspotting*. Tout le monde se droguait et ils enveloppaient les cadavres dans du film alimentaire.

« Baise-moi ! » était une réplique que Helena avait hurlée à Svante plusieurs soirs dans la semaine, depuis qu'ils jouaient la pièce.

J'étais épouvantablement jalouse.

« Ils ont une émission humoristique sur Sveriges Radio, ils m'ont trouvé drôle, alors ils se demandent si je voudrais participer, à titre d'essai. Pile le genre de conversation qu'on espère avoir…

— Qu'est-ce que tu as dit ? Tu es obligé ? ai-je demandé en le regardant fixement.

— J'ai dit que j'étais avec ma copine enceinte à l'étranger, où elle travaille. » Il m'a regardée sans ciller à son tour.

« Tu as dit non ?

— Oui. Pas le choix. On doit être ensemble, ou ça ne marchera jamais. »

Et il en a été ainsi.

Quelques semaines plus tard, nous étions à la première de *Don Giovanni*, et Svante a expliqué au maestro Barenboim et à Cecilia Bartoli qu'il était désormais femme au foyer.

« *So now I'm a housewife*. »

Nous avons continué ainsi pendant douze ans. C'était fatigant, mais aussi effroyablement drôle. Nous vivions deux mois dans chaque ville, et nous passions à la suivante. Berlin, Paris, Vienne, Amsterdam, Barcelone. À la suite.

Nous passions nos étés à Glyndebourne, Salzbourg ou Aix-en-Provence. Comme on le fait quand on est bon pour chanter des airs d'opéra ou n'importe quel autre genre de musique classique.

Je répétais peut-être vingt ou trente heures par semaine, et le reste du temps nous étions ensemble. Libres. Pas de famille, hormis Mona, la mère de Svante. Pas d'amis. Pas de dîners. Pas de soirées. Rien que nous.

Beata est née trois ans après Greta, et nous avons acheté une V70 pour pouvoir transporter la maison de poupées, les peluches et les tricycles. Et nous avons continué. Encore, et encore, et encore. C'étaient des années formidables. En hiver, nous jouions avec les filles, à même le sol dans nos beaux appartements lumineux du début du siècle, et à l'arrivée du printemps nous flânions ensemble dans des parcs luxuriants.

Notre quotidien ne ressemblait à aucun autre. Notre quotidien était une pure merveille.

SCÈNE 4

Possibilités uniques

« Participer aux sélections nationales de l'Eurovision, c'est un peu comme avoir un enfant. On peut le raconter aux autres, on peut décrire tous les détails. Mais on ne peut savoir l'impression que ça fait que lorsqu'on y a participé. »

Anders Hansson est producteur, et nous allons bientôt commencer à travailler ensemble sur mon prochain album. Nous traînons nos valises sur Stortorget, à Malmö, pour aller prendre le train de Stockholm, et Anders rigole en nous expliquant la situation, à Svante et moi.

On est au lendemain matin de mes débuts à l'Eurovision, et une grande photo de moi, Petra Mede et Sarah Dawn orne la première page d'*Aftonbladet*. « Malmö Arena, 21 h 23 », dit la légende. J'ai l'air complètement sous le choc.

Si on participe aux sélections nationales de l'Eurovision, c'est pour gagner. Et le faire dans les règles de l'art. Mieux vaut partir en étant annoncé bon dernier du classement. Il faut avoir tous les grands et bons artistes avec soi en finale et ensuite, il faut gagner avec la plus infime marge possible, de préférence grâce aux voix des spectateurs. Comme moi. Ce n'est pas plus difficile que ça.

Ensuite, il n'y avait plus qu'à se mettre au travail.

Les conditions n'auraient pu être meilleures.

Les sélections nationales de l'Eurovision nous offraient une chance unique, une possibilité qui ne se présenterait sans doute jamais plus. Le public était venu nombreux. Le ministre de la Culture a parlé d'un « effet Malena ».

« L'opéra quitte les salons pour revenir vers le peuple », titrait *Expressen*. Et le rédacteur culturel de *Dagens Nyheter* écrivait « c'est trop beau pour être vrai. Mais c'est vrai ».

Pendant un court instant, j'ai presque cru que ce serait possible : on pouvait rendre l'opéra populaire.

Mais à l'arrivée de l'automne, tout était comme d'habitude. Aucune institution lyrique suédoise ne se manifestait pour profiter de notre succès. Il y avait un public, mais on aurait dit que personne n'en voulait.

Alors nous avons tout fait par nous-mêmes.

Des rôles principaux à l'étranger et des artistes locaux, des concerts autoproduits, des tournées et des représentations.

Une véritable chasse à un nouveau public, plus large.

Un soir, quelques années plus tard, deux semaines avant la dernière de *Xerxès*, Svante et moi étions avachis sur le sol de la salle de bains, dans notre appartement de Stockholm. Il était tard, les filles étaient endormies. Tout commençait à s'écrouler autour de nous. Les murs de l'appartement se délabraient. Des fissures couraient au plafond, et on aurait dit qu'à tout instant le quartier entier pouvait basculer et s'effondrer dans le Klara Sjö.

Greta venait d'entrer en sixième, et elle n'était pas dans son assiette. Elle pleurait le soir avant de s'endormir. Elle pleurait en allant à l'école. Elle pleurait pendant les cours et les récréations, et les professeurs appelaient presque chaque jour à la maison. Svante devait aller la chercher. Pour la ramener à Moses, le chien, car seul Moses l'aidait.

Elle passait des heures avec notre golden retriever, à le caresser. Nous avons tout essayé, mais rien n'y a fait. Elle sombrait dans une espèce d'obscurité et semblait cesser de fonctionner. Elle a cessé de jouer du piano. Elle a cessé de rire. Elle a cessé de parler.

Et elle a cessé de manger.

Assis sur le dur sol en mosaïque, nous savions très bien quoi faire. Nous devions tout faire. Nous allions tout changer. Nous allions retrouver Greta, coûte que coûte.

Mais ça n'a pas suffi. Nous avons été obligés de recourir à autre chose que des mots et des sentiments. Un bilan. Une rupture.

« Comment tu te sens ? a demandé Svante. Tu veux continuer ?

— Non.

— OK. Je crois qu'on s'en fout, alors. On ne peut pas rendre l'opéra populaire quand les institutions ne veulent pas qu'il le soit. Et ça n'a aucune importance si quelqu'un trouve ce *nouveau* public quand absolument personne n'en veut.

— Je suis d'accord. C'est fini pour moi. »

Et ça l'était.

« Si on n'arrive pas à convaincre vingt mille personnes d'aller dans les bois et dans un musée de Värmdö, à 3 kilomètres de l'arrêt de bus le plus proche, sans aide de sponsors et sans une seule couronne de subvention, si *même ça*, ce n'est pas possible, plus rien ne l'est. »

Le tempérament de Svante ne le sert pas toujours. Mais je n'avais pas grand-chose à objecter à sa dernière assertion.

« On a fait tout notre possible, ai-je reconnu. Je crois sincèrement que je ne tiendrai pas le coup si nous continuons.

— Alors on annule tout. Tous les contrats, a poursuivi Svante. Madrid, Zurich, Vienne, Bruxelles. Tout. On trouvera une excuse. Et on fait autre chose. Des concerts, des comédies musicales, du théâtre, de la télé. Chante de l'opéra. Chante, mais plus de représentations.

— Je donnerai la prochaine dans deux semaines. Puis plus jamais. »

J'avais pris ma décision.

SCÈNE 5

Xerxès, roi de Perse

Je suis restée évanouie près de dix minutes, ai-je appris par la suite. On a informé le public que la représentation allait malheureusement être un peu retardée.

Derrière le rideau, bien sûr, les conversations sur la façon de gérer la situation allaient bon train, mais ça ne me concernait pas, car je savais très bien ce que j'allais faire.

C'était le jour d'y mettre un terme, une fois pour toutes.

J'ai bu une gorgée d'eau et j'ai fait un signe de tête au chef d'orchestre.

« Tu peux te lever ?

— Non. » Je me suis levée.

« Tu peux marcher ?

— Non. » J'ai fait quelques pas vers la porte. J'étais entourée de regards inquiets.

« Mais est-ce que tu peux chanter ?

— Non. » J'ai fait un signe de tête au régisseur et je suis entrée en scène.

Ceux qui étaient là disent que l'ovation finale a été exceptionnelle. Les gens s'étaient levés et criaient, comme ils le font rarement.

Derrière la scène, tout le monde flottait dans une espèce d'ivresse heureuse. Comme dans un film. Le roi et la reine nous acclamaient, et tout le monde avait l'air de rire en parlant.

Comme au ralenti. En accéléré.

Pernilla m'a donné un coup de main avec mon costume et ma perruque.

« Ne dis rien de ce qui s'est passé à Svante. Ça ne fera que l'inquiéter pour rien. »

Elle a hoché la tête.

Depuis le foyer, des voix nous parvenaient – en suédois, en français, en allemand, en espagnol.

Les gens étaient très heureux. Et quand on m'a accompagnée au taxi, je les ai vus lever leurs coupes de champagne pour trinquer. Un triple hourra.

Je suis montée à l'arrière et j'ai pleuré pendant tout le trajet du retour.

Pas parce que j'étais triste. Pas parce que j'étais soulagée. Pas parce que les choses étaient ce qu'elles étaient.

Je pleurais parce que je n'avais aucun souvenir de cette représentation.

C'était comme si je n'avais jamais été là.

SCÈNE 6

Gnocchis

Petit déjeuner : 1/3 banane. Temps : 53 minutes.

Sur une feuille A3 au mur, nous notons tout ce que Greta mange, et en combien de temps. Ce n'est pas beaucoup. Et ça ne va pas vite. Mais les urgences du Centre des troubles de l'alimentation prétendent que c'est une méthode qui fonctionne souvent sur le long terme. On écrit tous les repas, et on fait une liste de ce qu'on peut manger, de ce qu'on peut envisager de manger un peu plus tard et enfin de ce qu'on voudrait pouvoir manger.

La liste n'est pas longue :

Riz, avocat et gnocchis.

On est mardi 8 novembre, et nous sommes proches du précipice. Les cours commencent dans cinq minutes. Mais il n'y aura pas d'école aujourd'hui. Il n'y aura pas d'école de la semaine.

Hier, Svante et moi avons encore reçu un e-mail de l'école, qui se déclarait « inquiète » des absences trop nombreuses de Greta, bien que la direction ait déjà reçu plusieurs courriers de médecins et de psychologues pour expliquer la situation.

J'informe de nouveau la direction du contexte, et ils répondent qu'ils espèrent que Greta viendra à l'école lundi, comme d'habitude, afin que nous puissions venir à bout de *cette problématique*.

Mais Greta n'ira pas à l'école lundi. Greta a cessé de manger il y a deux mois et, sans changement sérieux, la semaine prochaine elle sera au centre pédiatrique de Sachsska.

Nous déjeunons dans le canapé, devant le DVD d'*Il était une fois*. Il y a plusieurs saisons, et chaque saison dure environ une demi-période géologique. Ce qui nous convient. Nous avons besoin d'océans de temps pour traverser les repas.

Svante prépare des gnocchis. C'est très important que la consistance soit parfaite, sinon ils ne sont pas mangeables. Les gnocchis sont de petites pâtes denses à base de pomme de terre, en forme de ballon de rugby, de la taille d'un bonbon.

Nous en mettons un certain nombre dans l'assiette, c'est un équilibre difficile ; si nous en mettons trop, notre fille ne mangera rien, et si nous n'en mettons pas assez, elle mange trop peu. Elle mange de toute façon bien trop peu, mais la moindre petite bouchée est utile et rien ne doit se perdre.

Greta trie ses gnocchis. Elle les tourne et les retourne. Elle les presse, puis recommence. Au bout de vingt minutes, elle commence à manger. Elle lèche et suce et mâche de toutes petites bouchées. Ce n'est pas rapide. Une séquence prend fin. Trente-neuf minutes. Nous commençons la suivante en notant divers intervalles et nombre de bouchées par session, mais nous ne disons rien.

« Je n'ai plus faim, déclare-t-elle soudain. Je n'en peux plus. »

Svante et moi échangeons un regard. Nous devons retenir notre frustration, car nous commençons à admettre que c'est la seule chose qui fonctionne. Nous avons essayé d'autres tactiques. Toutes les autres façons possibles et imaginables.

Nous avons parlé sévèrement. Nous avons crié, ri, menacé, supplié, prié, pleuré et offert tous les pots-de-vin que notre imagination inventait. Mais c'est cela qui semble fonctionner le mieux.

Svante va écrire sur la feuille fixée au mur :

Déjeuner : 5 gnocchis. Temps : 2 heures et 10 minutes.

SCÈNE 7

De l'art de préparer des petits pains

C'est le troisième week-end de septembre 2014, et plus tard dans l'après-midi, j'irai à Artipelag. Mais l'heure est aux petits pains.

Nous allons préparer des petits pains, tous les quatre, toute la famille, et nous sommes fermement décidés à faire fonctionner le projet. Ça doit fonctionner.

Si nous préparons nos petits pains tranquillement, comme d'habitude, Greta va pouvoir les manger comme d'habitude, et tout sera réglé. Ce sera un jeu d'enfant. Les petits pains, c'est ce que nous connaissons de meilleur.

Nous cuisinons et nous dansons dans toute la cuisine, pour créer l'ambiance pâtissière la plus heureuse et la plus positive de toute l'histoire de l'humanité.

Mais dès que les petits pains sont prêts, la fête s'interrompt brutalement. Greta en prend un et le renifle. Le petit pain près des lèvres, elle essaie d'ouvrir la bouche, mais ça n'a pas l'air possible. Nous voyons que ça ne marchera pas.

« Vas-y, mange, chérie », soufflons-nous en chœur, Svante et moi.

D'abord doucement.

Puis un peu plus fermement.

Puis avec toute la frustration et l'impuissance que nous portons.

Et nous finissons par hurler toute notre crainte et notre désespoir.

« Mais mange ! Il faut que tu manges, tu comprends ? Il faut que tu manges, ou tu vas mourir ! »

Greta fait alors sa première crise d'angoisse. Elle émet un son que nous n'avons encore jamais entendu. Un hurlement profond qui dure plus de quarante minutes. C'est la première fois que nous l'entendons crier depuis qu'elle est toute petite.

Je la prends dans mes bras, Moses est à côté, sa truffe toute douce contre la peau de Greta.

Les petits pains forment un tas sur le sol de la cuisine.

Au bout d'une heure, elle est calme, nous déclarons que nous n'allons plus manger de petits pains et que ce n'est pas grave.

« Tout va s'arranger, tout ira bien. »

Puis il est temps pour moi de partir en représentation. Une matinée. La famille m'accompagne à Artipelag, et dans la voiture Greta demande :

« Je vais guérir ?

— Bien sûr que tu vas guérir, assuré-je.

— Quand est-ce que je vais guérir ?

— Je ne sais pas. Bientôt. »

La voiture s'arrête devant ce spectaculaire bâtiment.

Je passe derrière la scène et je commence à chanter.

SCÈNE 8

À l'hôpital pédiatrique

Même s'il m'est arrivé d'aller très mal dans ma vie, je suis toujours très bien sur scène. C'est mon refuge. Mais une espèce de frontière a été franchie, et chaque représentation de *Xerxès* se déroule dans des ténèbres complètes. Je ne veux pas être là. Sur scène. Je veux être à la maison, avec mes enfants. Je veux être absolument n'importe où, sauf dans cet Artipelag de merde.

Et surtout je voudrais pouvoir répondre à la question de Greta : « Quand est-ce que je vais guérir ? »

Mais je n'ai pas de réponse. Personne n'en a, car en premier lieu, nous devons savoir de quelle maladie il s'agit.

Tout a commencé au centre de soins, quelques mois après le début du premier trimestre. Il y a quelques semaines, nous avons commencé à remarquer que tout n'est pas parfait, et quelques jours après les prélèvements de Greta, une jeune femme médecin nous appelle.

Les analyses ne sont pas très bonnes, nous explique-t-elle, et elle nous conseille de nous adresser à l'hôpital pédiatrique Astrid Lindgren pour en faire d'autres, plus poussées.

« Il faut prendre rendez-vous ? demande Svante.

— Non, répond le médecin. Je crois que vous devriez y aller dès maintenant. »

Un quart d'heure plus tard, nous allons chercher Greta à l'école et nous sommes en route pour les urgences. Puis nous faisons d'autres analyses, et nous attendons.

Et nous attendons, pendant que la tension et l'inquiétude augmentent encore. Nous appelons ma belle-mère pour qu'elle aille chercher Beata à l'école.

Après plusieurs heures, un autre médecin vient nous voir. Certaines valeurs indiquent un problème, sans qu'ils parviennent à savoir lequel. Svante s'effondre sur le sol, et pendant quelques heures, c'est la chute libre.

Les portes de l'enfer s'entrouvrent, et nous faisons les cent pas dans la salle d'examen où tant de gens ont déambulé avant nous, et où tant d'autres nous imiteront après notre passage.

Nous avons acheté un sandwich à la sauce curry, qui attend sur le tabouret en acier près de la porte. Je suis assise à même le sol, avec Greta sur les genoux, et j'essaie de parler de choses drôles.

Pendant les années qui ont suivi, nous avons souvent repensé à ces heures. Mais jamais dans le détail. Svante se rappelle que ses jambes l'ont trahi dans le couloir, je me souviens des ténèbres infinies qui nous entouraient, nous et toutes les familles, dans nos petites salles d'examen. Mais je ne me rappelle que le peu que j'ai choisi de me rappeler. Je n'ai pas le courage de penser au reste.

Car effleurer ce souvenir de temps en temps, pendant une fraction de seconde seulement, suffit à mettre toute une vie en perspective.

Un autre médecin entre. Elle pousse le sandwich et s'assied sur le tabouret, présente tous les résultats et nous rassure. Ils ont vérifié, tout a l'air en ordre. Rien n'indique le moindre problème, nous pouvons respirer et rentrer à la maison.

Monter sur scène ce soir-là n'a pas été super, mais c'était un luxe, rien de moins, en comparaison de ces familles qui n'ont pas pu rentrer chez elles cet après-midi ; ces familles qui occupaient toujours leurs petites salles d'examen, aux portes de l'enfer.

Quelques jours plus tard, nous recevons encore un appel de l'hôpital pédiatrique Astrid Lindgren. Le médecin nous recommande de nous adresser à l'Institut de pédopsychiatrie, le BUP. Elle n'a rien vu dans les analyses qui explique pourquoi Greta a commencé à avoir des troubles de l'appétit.

« Ce n'est pas exceptionnel chez les filles, au début de la puberté. Il y a très souvent des causes psychologiques, plus que médicales. »

SCÈNE 9

La faim

Il arrive que le corps soit plus malin que nous. Nous utilisons notre corps pour exprimer quelque chose que nous ne pouvons pas transmettre autrement. Et parfois, quand nous n'avons pas la force ou les mots pour décrire ce que nous ressentons, nous utilisons notre corps comme interprète.

Cesser de manger peut signifier plein de choses.

Il faut savoir quoi.

Il faut savoir pourquoi.

Bien entendu, il avait été inconcevable que nous réussissions à avaler ce sandwich dans la salle d'attente de l'hôpital Astrid Lindgren. Savoir que Greta ressent la même chose que nous à ce moment-là nous taraude sans cesse.

Svante et moi essayons de trouver des réponses. Je passe mes nuits à lire tout ce que je trouve sur le Net à propos de l'anorexie, de l'autisme et des troubles de l'alimentation. Nous sommes certains qu'il ne s'agit pas d'anorexie. Mais l'anorexie est une maladie très rusée, qui fait tout son possible pour ne pas être découverte, nous ne cessons de l'entendre.

Alors nous n'excluons pas cette possibilité.

La vie est un vrai chaos et toute forme de logique semble très loin. Je lis des articles sur l'hypersensibilité, les allergies au gluten, les infections urinaires, les PANDAS[1] et les diagnostics neuropsychiatriques.

Le jour, je passe coup de fil sur coup de fil, du matin au soir, en ne m'interrompant que pour les représentations à Artipelag, pendant que Svante fait son possible pour que Greta et Beata aillent aussi bien que d'habitude.

J'appelle le BUP, les renseignements médicaux, des médecins, des psychologues et le moindre cousin qui puisse avoir des connaissances, même superficielles, ou des conseils. C'est une pelote infinie de conversations et de « je connais quelqu'un qui connaît quelqu'un qui connaît quelqu'un… »

L'adrénaline m'aide à tenir et je ne faiblis jamais.

En dépit des nuits blanches et de ma perte d'appétit.

Mon amie Kerstin connaît Lina, une psychiatre, et Lina me donne rendez-vous. Elle écoute, conseille et réussit à nous obtenir un rendez-vous à l'accueil pédopsychiatrique de Kungsholmen.

Dans l'école de Greta, il y a une psychologue qui a une grande expérience de l'autisme. Elle discute avec nous, y compris par téléphone, et nous dit que, bien sûr, il faudrait faire des analyses plus poussées, mais à ses yeux – et de façon tout à fait informelle – des

---

1. *Paediatric Autoimmune Disorders Associated with Streptococcus infections.* En français : troubles neuropsychiatriques pédiatriques auto-immuns associés à une infection à streptocoque.

signes très nets montrent que Greta se trouve dans le spectre de l'autisme.

« Autisme à haut niveau de fonctionnement », d'après elle.

Nous faisons notre possible pour retenir ce qu'elle dit, et ça a incontestablement l'air convaincant, mais nous avons énormément de mal à nous faire à l'idée que notre fille puisse être autiste. Le fait est que dans notre entourage, absolument tout le monde réagit avec un gros « Quoi ? » quand nous essayons la théorie de l'autisme sur eux.

Il n'y a pas un seul cliché d'autisme ou d'Asperger qui corresponde à la réalité. Ou bien la psychologue scolaire est folle, ou bien il y a une lacune énorme dans l'éducation populaire.

Une longue série de rencontres s'ensuit, de l'Institut de pédopsychiatrie au Centre des troubles alimentaires, le SCÄ, à Stockholm, où nous répétons notre histoire et discutons de ce qui peut être fait. Nous parlons, tandis que Greta garde le silence. Elle a cessé de parler à tout le monde sauf à moi, Svante et Beata. Nous nous relayons pour n'oublier aucun détail.

Il y a parfois jusqu'à six personnes présentes lors de ces rencontres et, bien que chacun veuille et puisse contribuer de son mieux, c'est comme s'il n'y avait aucune aide à attendre.

Pas encore, du moins.

Nous tâtonnons dans le noir.

Après deux mois sans manger, Greta a perdu presque dix kilos, ce qui fait beaucoup quand on n'est pas très épais au départ. Sa température est basse, son pouls et sa tension artérielle montrent des signes nets de famine.

Elle n'a plus la force de monter les escaliers, et ses scores sont très élevés aux tests de dépression qu'elle passe. Nous expliquons à notre fille que nous devrions commencer à nous préparer à vivre à l'hôpital, et nous expliquons comment on peut être nourri sans manger, grâce à des tuyaux et des perfusions.

SCÈNE 10

Nous l'appelons le Hans Rosling des troubles alimentaires

À la mi-novembre, il y a une grande réunion au BUP, trois membres du SCÄ sont aussi présents.

Greta ne dit rien. Comme d'habitude. Je pleure. Comme d'habitude.

« S'il ne s'est rien passé d'ici la fin du week-end, nous devrons t'hospitaliser », fait savoir le médecin.

Dans l'escalier, en repartant, Greta se retourne.

« Je veux recommencer à manger.

— Tu auras une banane à la maison, répond Svante.

— Non. Je veux recommencer à manger normalement. »

Nous fondons en larmes tous les trois, puis nous rentrons à la maison et Greta mange une pomme verte entière. Mais ça cesse bientôt, et il apparaît que c'est un peu plus compliqué qu'on le croit de recommencer à manger.

Mais bien que Greta ait été attristée, elle ne panique pas. Elle a pris sa décision et nous continuons d'essayer, et nous finissons par trouver un petit sentier que nous pouvons suivre à travers les fourrés.

Nous faisons quelques pas prudents, et ça marche. Les jambes tiennent.

Nous avançons lentement.

Nous avons du riz, de l'avocat, des comprimés de calcium, des bananes et du temps.

Nous prenons notre temps.

Un temps infini.

Svante reste à la maison et ne quitte jamais les enfants. Nous écoutons des livres audio, nous faisons des puzzles, les devoirs et nous notons les repas sur la feuille au mur.

Beata disparaît dans sa chambre sitôt rentrée de l'école. Nous la voyons à peine. Elle remarque notre inquiétude et nous évite.

Avec Greta, nous écoutons *Une île trop loin*, *Le Tour du monde en 80 jours* et *La Vie selon Ove*.

Toute la *Saga des émigrants*, de Wilhelm Moberg. Strindberg. Selma Lagerlöf, Mark Twain, Emily Brontë et *The City Novels*, de Per Anders Fogelström.

Une banane, 25 minutes. Un avocat et 25 grammes de riz. Temps : 30 minutes.

Dehors, les dernières feuilles tombent des arbres. Et nous entamons un long, très long chemin en arrière.

Au bout de deux mois, non seulement la perte de poids s'est interrompue, mais la courbe repart prudemment à la hausse. Sur la liste, nous avons ajouté le saumon et les boulettes de pomme de terre.

Au SCÄ, un médecin extraordinaire note le poids et le pouls, et nous explique tout sur les substances alimentaires et la nutrition, pendant de longs exposés pédagogiques dans son cabinet. Et nous commençons la sertraline, un antidépresseur dont il faut augmenter petit à petit les doses à chaque prise.

Greta est intelligente. Elle a une mémoire photographique et peut par exemple réciter toutes les capitales du monde. Elle connaît aussi les villes principales de tous les territoires. Si je lui demande : « Les îles Kerguelen ?, elle répond : — Port-aux-Français. »

— Le Sri Lanka ?

— Sri Jayawardenapura Kotte. »

Et si je lui dis « À l'envers ? », elle récite sa liste à toute allure, en partant de la fin. Svante dit souvent qu'elle est une meilleure version de lui, lui qui a passé son enfance, il y a trente-cinq ans, à apprendre par cœur les horaires d'avion. Elle peut réciter la table périodique des éléments en moins d'une minute, mais elle s'interrompt parce qu'elle ne sait pas comment se prononcent certains éléments.

La professeure de Greta lui fait cours sur son temps libre. Deux heures par semaine, pendant les récréations et les pauses, dans la bibliothèque. Dans le plus grand secret. C'est suffisant pour que Greta maîtrise toutes les matières de sixième.

Sans cette professeure, rien n'aurait été possible.

Rien.

« J'ai vu trop de filles hypersensibles, très productives, s'effondrer. Ça suffit, maintenant. J'ai atteint mes limites », confie-t-elle.

Quand des gens cessent de fonctionner, ils sont difficiles à réparer et, malgré beaucoup de volonté et de connaissances, leur mécanisme est souvent émoussé et, dans la plupart des cas, désespérément inefficace.

On peut trouver de l'aide dans le système de soins. En partie. Pour ceux qui correspondent aux rares grilles à disposition. Greta n'en fait pas partie.

Nous nous sommes battus presque jour et nuit pendant des mois avant de finir par comprendre que nous devions tout faire nous-mêmes, et nous sommes bien sûr loin d'être les seuls sur ce plan.

Nous sommes bloqués dans une impasse entre trois institutions, et nous consacrons tout notre temps de veille à participer à des réunions concernant ce qu'on pourra peut-être faire, plus tard.

Dans une société en état de marche, il devrait bien entendu y avoir une instance dotée de ressources dignes de ce nom chargée de travailler à titre préventif à l'éducation et à l'information de la société sur les troubles psychiques et les différents diagnostics, une autorité ayant pour objectif d'éduquer les enseignants, les parents et les enfants sur les choses que nous devrions connaître. Ce genre d'instance serait très probablement l'investissement le plus rentable dans l'histoire de la société collective.

Mais ça n'existe pas.

Ce qui existe, c'est une pédopsychiatrie où tout le monde est à genoux et où une grande partie du temps doit être consacrée à éteindre des incendies. Ce qui existe, c'est une école où les élèves doivent fonctionner exactement de la même façon et où les enseignants vont dans le mur les uns après les autres.

Alors il a fallu tout faire seul.

Il a fallu se former, il a fallu faire la guerre.

Et il a fallu avoir beaucoup, beaucoup de chance.

SCÈNE 11

« Les enfants sont méchants »

« Ils te regardent toujours comme ça ?

— Je ne sais pas. Je crois. »

Svante et Greta sont allés à la fête de fin d'année scolaire, ils ont essayé de se faire le plus discrets possible, tout au fond de la classe, dans les couloirs et les escaliers.

Quand des élèves vous montrent du doigt et se moquent ouvertement de vous bien que vous soyez accompagné de vos parents, les limites sont dépassées. Très largement.

C'est affreux d'être harcelé. Mais c'est encore pire d'être harcelé sans comprendre qu'on l'est.

Dans la cuisine, Svante me raconte en détail ce à quoi ils ont assisté, pendant que Greta mange son riz et son avocat.

Je suis prise d'une telle fureur à ce que j'entends que je pourrais raser la moitié de Polhemsgatan, mais notre fille réagit autrement. Elle est heureuse. Pas soulagée ou tranquille, juste heureuse. Intensément.

Elle passe ensuite toutes les vacances de Noël à raconter des incidents et des événements parfaitement abominables. On les croirait tirés d'un film dans lequel toutes les scènes de harcèlement auxquelles on peut s'attendre ont été intégrées. On peut toutes les cocher une par une.

Des histoires de violence dans la cour de l'école, sur la façon dont elle a été attirée dans des endroits bizarres, l'exclusion systématique et la zone libre dans les toilettes des filles, où elle se réfugie parfois pour pleurer jusqu'à ce que les surveillants la délogent et la renvoient dans la cour.

Les histoires s'accumulent sur plus d'un an.

Svante et moi expliquons à l'école ce qui s'est passé, mais l'établissement n'est pas de cet avis. Ils ont une autre perception de la situation. C'est la faute de Greta, estime la direction, car plusieurs enfants ont répété que Greta s'est comportée bizarrement, a parlé trop bas et ne dit jamais bonjour. Ces derniers éléments sont consignés dans un e-mail.

Ils écrivent d'autres choses, pires encore, ce qui est une chance pour nous, puisque lorsque nous signalons l'école à l'inspection scolaire, un peu plus tard, nous avons des arguments et l'inspection penche très vite en notre faveur.

La professeure de Greta continue à lui donner des cours en secret. La direction lui impose plusieurs fois de cesser, et finit par la menacer de renvoi au moindre contact avec Greta ou nous, et ça continue ainsi. Semaine après semaine. Greta se glisse en tapinois dans la bibliothèque et en ressort dans la plus grande discrétion, pour retrouver Svante qui l'attend dans la voiture.

Je lui explique qu'elle va se faire de nouveaux copains, mais sa réponse est toujours la même :

« Je ne veux pas de copains. Les copains sont des enfants, et tous les enfants sont méchants. »

Greta serre Moses tout contre elle.

« Je peux être ta copine, intervient Beata.

— Ça va s'arranger », la réconforte Svante avant d'écrire sur la feuille au mur : *1,5 avocat. 2 morceaux de saumon + riz, comprimé de calcium. Temps : 37 minutes.*

SCÈNE 12

La revanche des filles invisibles

Les analyses du SCÄ montrent que le pouls de Greta augmente, et sa courbe de poids finit par remonter assez vigoureusement pour qu'on puisse commencer un nouvel examen neuropsychiatrique.

Notre fille est Asperger, autiste à haut rendement, et a un TOC, un trouble obsessionnel compulsif.

« On aurait aussi pu lui poser le diagnostic de mutisme sélectif, mais il disparaît souvent avec l'âge. »

Nous ne sommes pas étonnés. Dans les grandes lignes, ce sont les conclusions auxquelles nous sommes arrivés il y a plusieurs mois.

La psychologue scolaire est présente quand le BUP nous donne ce diagnostic, et nous la remercions d'avoir été franche dès le tout début.

Quand nous sommes ressortis, Beata appelle : elle a prévu de dîner avec une copine et je ressens une pointe de mauvaise conscience. C'est la première fois depuis longtemps qu'elle évite un dîner. « On va bientôt s'occuper de toi aussi, ma chérie, lui promets-je en mon for intérieur, mais d'abord, il fallait que Greta se rétablisse. »

L'été est proche, et nous rentrons à pied. Nous n'avons presque plus besoin de raisonner en matière de calories brûlées.

SCÈNE 13

« C'est vous qui êtes bizarres,
c'est moi qui suis normal »
Joakim Thåström

Ce qui a frappé notre fille aînée ne peut pas s'expliquer qu'à l'aide de combinaisons de lettres ou d'une différence constatée sur le plan médical. Au final, elle a tout simplement perdu les pédales pour de bon.

Nous qui vivons dans une surabondance historique de ressources collectives dépassant de très loin l'imagination, nous n'avons pas les moyens d'aider des gens qui fuient la guerre et la terreur – des gens comme vous et moi, qui ont tout perdu.

Pendant un cours, la classe de Greta regarde un film sur la quantité de détritus qu'on trouve dans les mers du globe. Une île de plastique dérive dans le Pacifique sud, elle est plus grande que le Mexique. Greta pleure d'un bout à l'autre du film. Ses camarades de classe sont aussi très émus. À la fin du cours, la professeure annonce que lundi elle sera remplacée, car elle est invitée à un mariage pendant le week-end – dans le Connecticut, non loin de New York.

« Oh, vous avez de la chance ! » réagissent les élèves.

Dans le couloir, les détritus au large de la côte chilienne sont déjà oubliés. Des iPhone dernier cri sortent des poches de doudounes à col de fourrure, et tous ceux qui sont allés à New York racontent l'exubérance commerciale, que c'est fabuleux de faire du shopping à Barcelone, qu'en Thaïlande tout est très bon marché, et quelqu'un va partir au Vietnam avec sa mère pendant les vacances de Pâques, et Greta perd toujours les pédales.

Il y a des hamburgers pour le déjeuner, mais elle n'arrive pas à manger.

Le réfectoire est chaud et exigu. Le niveau sonore est très élevé, et soudain, le morceau de viande grasse dans l'assiette n'est plus un aliment. C'est le muscle complètement broyé d'un être vivant doué de sentiments, d'une conscience et d'une âme. Les détritus se sont fixés sur sa rétine.

Elle pleure et veut rentrer à la maison, mais on ne peut pas rentrer à la maison avant d'avoir dû manger des animaux morts et parlé de vêtements de marque, de maquillage et de téléphones mobiles dans ce réfectoire.

Il faut prendre une assiette pleine de nourriture, dire que c'est complètement dégueulasse et chipoter un peu devant avant de tout flanquer aux ordures – et ne mentionner ni autisme, ni anorexie ni rien d'autre de pénible.

Greta s'est vu poser un diagnostic, mais ça n'exclut pas que c'est elle qui a raison, et que c'est nous qui allons très, très mal.

Car en dépit de tous ses efforts, elle n'a pas réussi à résoudre l'équation que tous les autres avaient déjà résolue : l'équation qui représentait le billet d'entrée dans un quotidien fonctionnel.

Car elle voyait ce que nous refusions de voir.

Greta faisait partie de cette petite minorité qui ressent notre dioxyde de carbone. L'invisible. Cet abîme incolore, inodore et silencieux que notre génération a choisi d'ignorer. Elle disait tout cela, pas littéralement, bien entendu, mais elle disait que les gaz à effet de serre jaillissaient de nos cheminées, s'envolaient avec le vent et transformaient l'atmosphère en une gigantesque décharge invisible.

Elle était une enfant, nous étions l'empereur.

Et nous étions tous nus.

SCÈNE 14

Quelque chose est juste un peu faussé

Le parent qui ne dit pas qu'il bondira sans hésiter devant un train pour sauver son enfant n'existe pas. C'est un instinct que personne ne nie.

Mais quand ce train arrive, ce n'est que très rarement qu'il passe à toute vitesse.

Il ne s'agit pas non plus du dixième de seconde qu'il faut pour tendre deux bras et attraper quelqu'un dans sa chute. Il y a quelque chose qui est juste un peu faussé. Et ça ne ressemble pour ainsi dire jamais aux scènes de sauvetage qu'on voit au cinéma.

Les contours d'un tableau beaucoup plus vaste apparaissent en même temps que le harcèlement, les diagnostics et l'exclusion. Pour nous, ce tableau s'est précisé si lentement qu'on ne remarquait presque pas que quelque chose n'allait pas.

En réalité, ce n'était pas très difficile à voir. Mais c'était gênant.

Et une fois que nous l'avions remarqué, nous ne pouvions presque plus l'éviter. Car les connaissances qui viennent en prime bouchent soudain toute la vue, changent tout, et chaque fibre de votre corps vous dit qu'il faudrait regarder ailleurs, mais c'est impossible parce que c'est de votre enfant qu'il est question, et il n'y a évidemment rien qu'on éviterait de faire pour notre enfant.

Il nous a fallu quatre ans pour comprendre que nous vivions dans un ensemble faussé et que nos vies en seraient définitivement bouleversées.

SCÈNE 15

Les drogués de la bonté

J'avais 38 ans quand je suis devenue célèbre. J'étais connue avant de gagner les qualifications nationales pour l'Eurovision.

Mais être célèbre, c'est différent. Et c'est impossible à expliquer à quelqu'un qui ne l'a jamais été.

« Mais que va-t-il se passer si elle gagne ? » a demandé mon agent actuel à la mi-janvier quand nous avons passé en revue le calendrier de 2009, la tête baissée en soupirant.

« C'est une chanteuse d'opéra, a ri Svante. Vous devez bien comprendre qu'elle ne va pas gagner ! »

Au lendemain des qualifications, Svante, moi et quatre journalistes d'*Aftonbladet* et d'*Expressen* avons pris l'avion à destination de Francfort pour répéter *La Cerentola*, dont la première devait avoir lieu cinq jours plus tard. C'était confus.

Mon agent a littéralement fait le tour de tous mes employeurs, pour les supplier de m'accorder quelques disponibilités puisque non seulement j'avais remporté contre toute attente les qualifications nationales pour l'Eurovision, mais que j'étais obligée d'être à Moscou au beau milieu d'une période professionnelle où je chantais les rôles-titres à Francfort, Vienne et Stockholm.

« Mais tu vas y arriver ? a-t-elle demandé.

— J'arrive à tout », ai-je répondu.

Svante et moi n'avons jamais participé à des premières, et nous ne sommes jamais allés à des soirées de célébrités – ni à aucune autre soirée, d'ailleurs.

On est incroyablement efficace quand on est sauvage sur le plan social, et dès que mes concerts ou mes représentations sont terminés, je rentre immédiatement à la maison.

Si je travaille à Stockholm, je pars souvent avant le public, et je me démaquille sur mon vélo en rentrant. Si je ne suis pas absolument tenue d'assister aux réceptions après mes premières, je rentre aussi tout de suite à la maison.

Les enfants et le boulot. C'est tout ce qui importe pour Svante et moi. Tout le reste attendra. C'est comme ça que nous travaillons, que nous écrivons.

Nous essayons de rendre audibles des choses plus importantes que nous-mêmes, et pour nous, les questions environnementales et climatiques sont devenues l'exemple ultime – et la conséquence – de l'ordre mondial tordu qui prévaut.

Nous nous trouvons au milieu d'une crise de durabilité aiguë dont le réchauffement climatique à l'échelle mondiale constitue un aspect. Si les foules furieuses en Afrique de l'Ouest en sont une conséquence, si la sécheresse au Moyen-Orient en est une autre et si l'élévation du niveau des eaux pour les États insulaires dans le Pacifique en est une troisième, cette crise s'exprime dans notre partie du monde, entre autres, par des maladies liées au stress, des formes de ségrégation et des files d'attente qui s'allongent dans le domaine de la pédopsychiatrie.

C'est la planète qui nous parle à travers nos courbes et nos diagrammes. Nous voyons le graphique mobile grignoter les glaces du Nord. La Terre a de la fièvre, mais cette fièvre n'est qu'un symptôme d'une crise de durabilité plus vaste où c'est en fait notre style de vie et nos estimations qui menacent au plus haut point notre survie future.

Cette crise, voilà à quoi on revient à chaque fois. Elle comprend les pollutions atmosphériques et la biosphère ainsi que les systèmes économiques et politiques, elle nous conduit au cœur de l'humanité, à voir son état de santé.

SCÈNE 16

Le zoo d'Anvers

À l'hiver 2010, nous louons un appartement vraiment merdique rue du Fossé-aux-Loups, à Bruxelles. Notre cadette, Beata, vient de fêter ses quatre ans, et lors d'une de mes journées de congé nous prévoyons d'aller à Anvers et d'y visiter le zoo. Un flacon d'antipoux a explosé dans notre grande valise pendant le vol pour venir, et à cet instant absolument tout ce que nous possédons sent le shampooing antipoux. Tous les DVD des enfants sont fichus et l'escalier entier est imprégné de cette odeur.

Nous nous levons de bonne heure, et il n'est même pas 9 heures quand nous sommes prêts à aller prendre le train à la gare de Bruxelles-Midi. Il ne reste qu'un point à régler : Beata doit mettre des chaussettes propres. Elle est extrêmement délicate pour beaucoup de choses, et ses vêtements ne font pas exception.

« Non ! Ça gratte ! » crie-t-elle en se tordant sur le sol de l'entrée parce qu'un maillot ou un pantalon n'est pas très confortable. Il y a des jours où il faut la porter dans l'ascenseur et l'habiller dans la voiture, mais il y en a d'autres où même cela n'est pas possible, des jours où tout déraille et où aucun truc ne fonctionne.

C'est, bien sûr, insupportable.

Alors, aujourd'hui, nous combattons œil pour œil, dent pour dent. Elle doit mettre des chaussettes propres avant que nous partions. Mais Beata refuse.

Deux heures plus tard, nous lui proposons un compromis et nous prenons les vieilles chaussettes sales qu'elle porte depuis presque un mois.

Elle refuse.

Alors les parents posent une limite, ils ne marchent plus. Ce n'est pas la première fois, bien sûr, mais aujourd'hui, Svante et moi avons toute la journée, et nous n'envisageons pas de renoncer.

À 14 heures, nous quittons l'appartement et prenons le train pour Anvers.

Beata ne porte toujours pas de chaussettes. Elle balance gaiement les jambes sous son siège.

Notre duel est terminé, Beata en est l'unique gagnante.

« Tu ferais passer Lotta på Bråkmakargatan[1] pour le Mahatma Gandhi », rit Svante.

Beata éclate de son rire le plus chahuteur, et comme toujours dans ce cas-là, elle est parfaitement irrésistible. On fond.

Elle est contente.

Nous allons au zoo.

---

1. *Lotta på Bråkarakargatan* (« Lotta dans la une des troubles », 1992), film suédois sur les tribulations d'une petite fille, Lotta.

SCÈNE 17

Fusion du cœur

En anglais, on parle de *meltdown*. L'explosion qui résulte de l'accumulation de sentiments, jusqu'à ce qu'ils ne puissent plus être gérés dans les limites de ce que nous appelons un comportement raisonnable.

L'une des premières fusions du cœur de Beata a eu lieu le 24 décembre au soir, quelques mois avant la visite au zoo d'Anvers.

Elle n'a pas réussi à gérer toute l'attente et toutes les sensations sans exploser en un épisode critique pendant lequel elle a tout simplement perdu le contrôle et s'est retrouvée dans un chaos émotionnel.

Plus rien ne la retenait, et nous avons fini par une séance de lutte au sol, jusqu'à ce que je parvienne à la tenir doucement dans mes bras.

« Tu ne comprends pas ce que tu fais ? ai-je sangloté, éperdue.

— Si.

— Mais alors pourquoi le fais-tu ? »

Beata s'est mise à pleurer, elle aussi.

« Je ne sais pas. »

De nombreux indices montraient que quelque chose n'allait vraiment pas, mais ça n'avait aucune importance. Ce qui était logique pour nous, c'était crier, battre des bras et exiger d'une enfant de quatre ans une explication de son mauvais comportement, comme deux idiots.

« Je crois que Beata a un TDAH[1], dis-je plus tard à Svante. Ça, là, ce n'est pas du défi habituel. »

Je ne sais pas comment j'en suis arrivée à cette conclusion à ce moment-là et, même si je sais aujourd'hui que nos soupçons n'auraient pas permis d'obtenir de l'aide avant de nombreuses années, j'aurais aimé que nous restions aussi lucides beaucoup plus longtemps que nous ne l'avons fait.

Ce n'est que très longtemps après que nous avons compris l'ampleur de la résistance ressentie quand la situation sort de l'ordinaire. Au début, nous avons pris sur nous et nous nous sommes adaptés. Comme ça se fait.

Beata est un petit ange à la maternelle, et partout hors de la maison. Malicieuse, gentille, gaie et tout à fait charmante. Elle est très bonne au jeu social, et la moindre menace voilée de raconter aux enseignants de maternelle comment elle se comporte à la maison la fait complètement craquer.

Nous ne savons évidemment pas, à ce moment-là, que ce sont des signes précoces de TDAH chez les filles. Car comment l'aurions-nous su ? On ne peut pas dire qu'il y ait eu des campagnes d'information sur le sujet.

---

1. Trouble du déficit de l'attention avec ou sans hyperactivité.

Nous ne savons que ce que nous savons. Et nous n'agissons que comme nous avons appris à le faire. Il faut poser des limites et éduquer ses enfants pour qu'ils fonctionnent. Alors nous continuons à parler sévèrement.

Nous continuons à éduquer. Nous instaurons des règles. Et nous nous engouffrons dans la voiture, nous googlons des hôtels sur le téléphone, et nous partons vers le nord. Vers Åre. Puisque la famille ne fonctionne pas quand nous ne sommes que quatre, Svante se dit que nous n'avons qu'à nous entourer de gens dans des hôtels et des restaurants, et tout ira bien. Ou, du moins, mieux, et « ça va finir par s'arranger, vous allez voir ».

Et cette réflexion masculine rationnelle fonctionne ! Hormis un peu de transpiration, de stress et de larmes sur la piste pour enfants, nous sommes de nouveau bien. Nous fonctionnons.

Nous apprenons à skier, nous buvons du chocolat chaud et nous mangeons de la saucisse et des frites.

L'après-midi, nous nous baignons dans la piscine, avant d'aller dîner au restaurant.

C'est agréable comme tout.

Nous avons repoussé les problèmes et tout balayé sous le tapis en faveur de vacances scolaires valables et d'un peu de calme et de tranquillité. Nous privilégions l'aspect au détriment du contenu, exactement comme on nous a appris à le faire. Nous dissimulons nos différences et nos faiblesses. Nous nous concentrons sur le chemin devant nous et ne regardons jamais sur le côté.

SCÈNE 18

S'aplanir

Six mois après que Greta s'est vu poser un diagnostic, la vie s'est aplanie en quelque chose qui ressemble à un quotidien et des routines. On est en 2015 et elle va dans une nouvelle école. De mon côté, j'ai fait le tri dans mon planning et je travaille au ralenti.

Beata est en CM1. Elle vit et respire la musique et la danse. Elle est complètement possédée par le *girls group* britannique Little Mix, sa chambre est entièrement tapissée de photos des quatre membres, Perrie, Jade, Jesy et Leigh-Anne. Elle est elle-même un petit génie musical.

Je peux apprendre un opéra par cœur en deux jours s'il le faut, et je ne connais presque personne qui ait meilleure oreille que moi – sauf Beata.

Elle a chanté en live pour des milliers de personnes, elle a fait le direct d'*Allsång på Skansen*, en chantant chaque note sans la moindre nervosité.

Je n'ai jamais vu ni entendu quelqu'un qui apprend la musique plus vite qu'elle.

Mais cette année-là, alors que nous sommes très occupés à nous remettre et à nous occuper de Greta,

Beata enchaîne les crises de fureur. Sa hargne dépasse celle qu'on voit couramment chez les adolescents, bien qu'elle n'ait que dix ans. Elle dépasse ce qu'on peut qualifier de rage et d'obstination courantes.

À l'école, tout se passe comme il faut.

Mais à la maison, elle s'effondre, se crashe. Elle n'arrive plus à être avec nous.

Elle s'agite devant tout ce que Svante et moi faisons. C'est peut-être parce qu'avec nous, elle peut se détendre et éviter le jeu social. Elle est hypersensible et, en notre compagnie, elle peut perdre le contrôle et peut hurler sa frustration face à des sons, des goûts, des vêtements et absolument tout ce qui fait trop, ce qui est trop pénible à intégrer.

Beata ne va pas bien. Mais nous n'avons pas encore compris ce qui cloche. Comme nous ne comprenons pas à quel point nous sommes vidés d'essayer simplement de maintenir une forme de quotidien. À quel point cette fatigue brouille notre jugement.

SCÈNE 19

Quand la guerre s'est invitée chez nous

L'automne arrive, et l'Europe a connu sa plus importante crise migratoire depuis la Seconde Guerre mondiale. Encore que ce n'ait pas été une crise si terrible pour la plupart des gens, tant qu'on ne travaillait pas comme responsable à l'Office national des migrations ou comme pompier chargé de se lancer chaque nuit sans exception à l'assaut d'un incendie dans des appartements de réfugiés.

Nous considérons que la plus importante crise migratoire depuis la Seconde Guerre mondiale ne peut être réglée par aucune société au monde sans que la société civile se retrousse les manches et essaie d'aider. Alors nous faisons ce que nous pouvons.

Beata et Greta veulent faire encore plus, elles proposent donc que nous mettions notre chalet d'Ingarö à la disposition des réfugiés et, en novembre, une petite famille emménage ; nous nous occupons des cartes de transport, de la nourriture, ils pourront loger là jusqu'à la fin du traitement de leur demande d'asile. Le week-end, nous mangeons syrien avec tous les voisins, et nous regardons des photos de Damas.

Greta ne fait que sentir les plats. Elle renifle les cocottes les unes après les autres. Elle est assise dans le canapé que nous avons prêté, le dos très droit, un sourire exemplaire sur les lèvres. Elle essaie courageusement la cuisine syrienne. Svante et moi nous efforçons d'être de bons hôtes.

Mais même si la guerre s'est invitée chez nous – même si la guerre a refait nos lits avec des draps à motifs disneyens offerts par les logements temporaires de Refugees Welcome à Sickla –, c'est toujours trop lointain pour que nous comprenions ce qui se passe.

Et malgré nos efforts, il nous faut encore une force énorme pour faire des petits pas, à tel point que nous peinons à aller plus loin, bien que nous le voulions de tout notre cœur. Nous sommes trop fatigués.

SCÈNE 20

La pire maman de merde au monde

« Espèce de pute ! »

Dans le salon, Beata balance les DVD depuis leur étagère jusque dans l'escalier en colimaçon vers la cuisine. Il y a eu une époque où nous avions de longues et sérieuses conversations sur la portée de ce genre de mots, mais c'est de l'histoire ancienne. Maintenant. *Fifi Brindacier* et *Madicken* en prennent pour leur grade. Ce n'est pas la première fois, c'est loin d'être la dernière.

« Vous ne vous occupez que de Greta. Jamais de moi. Je te déteste, maman. Tu es la pire maman de merde au monde, espèce de *fucking* pute de merde ! » hurle-t-elle tandis que *Jasper Pingvin* m'atteint en pleine tête.

Il est suivi par *Rasmus på luffen*, *Harry Potter*, *Angelina Ballerina* et cent autres films.

Beata claque la porte de sa chambre, donne quelques puissants coups de pied dans le mur, et nous nous étonnons encore une fois de l'improbable solidité des panneaux de plâtre. Le mur tient et les DVD sont encore plus rayés.

Nous sommes pas mal rayés, nous aussi, mais malheureusement pas aussi résistants que les murs de la chambre à l'étage supérieur.

En tout cas, pas moi.

C'est nettement plus difficile de tenir sur ses jambes après le second choc. Maintenant que c'est le tour de notre cadette.

Même si le crash de Greta était plus violent puisqu'elle a complètement arrêté de manger, celui-là est douloureux d'une autre façon.

Avec Greta, il n'était question que de kilos, de minutes, de jours, de comprimés et de structure. C'était presque trop explicite et certaines choses allégeaient cette rigueur carrée.

Avec Beata, tout est chaos, contrainte, défi et panique.

Le seul point commun, c'est le moment – car du point de vue de l'âge, l'explosion survient rigoureusement à la même période : à la prépuberté. Vers dix ou onze ans.

SCÈNE 21

Svante résout tous les problèmes et part en Italie avec Beata

Il ne faut que quelques semaines pour que notre quotidien soit de nouveau réduit en poussière.

Je viens de commencer à travailler au Stockholms Stadsteater, et ma chute est rapide. Les stocks sont vides et l'adrénaline ne suffit pas comme elle le faisait avec Greta.

Pas du tout.

« Ça va s'arranger », me rassure Svante. Il décide de briser le schéma et part en voyage avec Beata pour qu'ils puissent passer du temps ensemble, être un peu au calme et faire ce qu'on fait quand on est en voyage. Quoi que ça puisse être.

Greta ne peut pas participer en raison de ses troubles alimentaires, et elle refuse de prendre l'avion, pour le climat.

« Prendre l'avion, c'est vraiment ce que tu peux faire de pire », explique-t-elle.

Mais elle ajoute que si ça peut aider sa petite sœur, ils devraient partir, bien sûr. Svante et Beata s'envolent donc pour la Sardaigne et louent une voiture pour rejoindre un hôtel près du détroit entre la Sardaigne et la Corse.

Ils sautent dans la piscine et mangent au restaurant, et le mode de pensée masculin et rationnel fonctionne encore une fois. Le changement d'environnement la calme et la rend heureuse.

Pendant quelques heures.

Puis elle panique et veut rentrer à la maison. Il y a des lézards, des bruits, il fait trop chaud et elle n'arrive pas à dormir.

« Je veux rentrer à la maison, pleure-t-elle.

— Mais on ne peut pas rentrer à la maison maintenant. L'avion part dans une semaine. »

Cette réalité lui est intolérable.

Beata panique et pleure toute la nuit, une panique qui ne passe pas avec le petit déjeuner. Ils se baignent dans la piscine, mais Beata ne fait que pleurer, elle veut rentrer à la maison. Elle a peur et ne va pas bien.

Alors Svante rend la chambre d'hôtel et fait les valises en quelques minutes, ils sautent dans la voiture et font tout le long chemin jusqu'à l'aéroport, avec Little Mix à fond sur l'autoradio.

Ils attrapent tout juste l'avion de l'après-midi pour Rome, et je leur prends des billets pour le vol SAS[1] à destination de Stockholm le lendemain matin.

Svante trouve un hébergement de dernière minute près de la Piazza Venezia, et, depuis la terrasse sur le toit, ils voient le soleil se coucher derrière la basilique Saint-Pierre, ça fait une chouette photo sur Facebook

1. Scandinavian Airlines.

que des tas d'amis aiment, et tout le monde écrit « Profitez-en ! »

Svante met encore en action son plan « planquons le réel sous le tapis » dans la Ville éternelle, et ils reprennent l'avion vers les plages scintillantes d'Arlanda. Beata est calme et contente.

C'est la *midsommar* 2016, et nous rentrons à pied d'Arlanda, avec Moses en laisse. Greta et Beata cueillent chacune un bouquet de fleurs le long de Kungsholms Strand : sept fleurs d'été à glisser sous leur oreiller pour rêver à leur futur amour projeté.

« Vous venez d'émettre 2,7 tonnes de dioxyde de carbone, glisse Greta à Svante pendant que personne ne les entend. C'est l'équivalent annuel de cinq personnes au Sénégal.

— J'entends ce que tu dis, répond Svante avec un hochement de tête. Je vais essayer de ne plus quitter le sol, désormais. »

SCÈNE 22

La ballade de l'été 2016

Ce n'est pas un été agréable. Aucune des enfants ne peut aller nulle part. Beata a essayé, mais elle ne veut plus. Nous l'attirons avec tout ce que nous pouvons trouver à faire en ville, mais elle refuse.

Tout ce que nous proposons suscite la réponse « ta gueule, espèce de con(ne) », et Greta n'arrive à manger que quelques aliments qu'il faut préparer d'une façon particulière dans notre cuisine. Elle ne peut pas manger devant d'autres personnes, et même si son poids a augmenté et s'est stabilisé, elle ne doit pas sauter de repas.

Alors nous restons dans l'appartement. Beata ne supporte absolument pas de ressentir quoi que ce soit. Elle ne supporte pas d'être avec nous, elle ne supporte pas d'entendre les bruits que nous faisons. Tout est trop bruyant et ce n'est pas possible de garder toutes ses idées dans sa tête et c'est trop et ça va trop vite. Même Moses doit se faire à l'idée de devenir une cible. Il se cache sous le piano et se colle de son mieux contre le mur.

Nous devons garder le silence.

Beata invente des jeux qui sont trop durs, des jeux qui déraillent et en deviennent compulsifs, et quand ça ne fonctionne pas comme elle veut, elle est folle de rage contre nous parce que c'est sur nous qu'elle peut réagir. Mais ça ne suffit pas et la frustration augmente. Tout ce qui fait du bruit la rend compulsive, comme une espèce de mécanisme de défense.

Le moindre son peut déclencher une crise. Alors nous allons au parc ou nous faisons de petites promenades entre les repas. Nous regardons des serres et des jardins biologiques et nous nous trempons les pieds dans le lac Mälaren, à Vinterviken.

Beata met la journée sens dessus dessous, elle s'endort vers 5 heures du matin et dort jusqu'à 15 heures.

Quelques semaines s'écoulent. Svante, Greta et moi mangeons dans la chambre d'amis dans des assiettes en plastique pour ne pas faire de bruit. Tout roule. C'est très loin de la perfection, mais ça fonctionne à peu près, et les jours avancent, en tout cas. Et nous arrivons aux grandes vacances avec des enfants qui passent toute leur journée à dormir.

Puis, un matin à 7 heures, nous sommes réveillés parce que tout le bâtiment tremble. Deux voisins sont en congés et en ont profité pour faire rénover la salle de bains.

Le béton résonne sous l'action des burineurs et il est impossible de rester dans l'immeuble, car le bruit est assourdissant, mais Beata ne peut pas sortir et ça va durer pendant deux semaines.

En très peu de temps, le nid fragile que nous avons construit se brise.

Nous prions et nous supplions. Nous maudissons et nous jurons.

Le président du syndicat essaie de nous aider, mais il ne fait pas un pli que tout le monde a le droit de rénover sa salle de bains.

Une situation que l'on pensait déjà intenable est devenue carrément insupportable, et nous risquons de perdre les pédales. Certains jours, nous essayons de poser des limites et nous rendons coup pour coup, mais ça ne fait qu'aggraver les choses, et au beau milieu de tout ça, nous avons un rendez-vous au BUP et je m'effondre dans le cabinet et j'hyperventile.

Ils veulent nous aider, bien sûr, mais c'est difficile pendant les vacances et nous allons aux urgences de l'hôpital pour enfants de Sachsska, des griffures sur les mains, les bras et le visage, mais ils sont fermés. Nous passons plusieurs jours à faire la navette entre le BUP et les urgences, et nous finissons par obtenir quelques comprimés qui permettent à Beata de s'endormir un peu plus facilement le soir.

Mais toute la famille a déjà perdu pied.

Je quitte mon travail au Stadsteatern et on me prescrit des antidépresseurs et des tranquillisants en attendant la fin des grandes vacances et de la rénovation de la salle de bains.

Nous hurlons. Nous massacrons les portes à coups de pied. Nous nous déchirons. Nous frappons les murs. Nous nous débattons. Nous pleurons. Nous appelons au secours et nous tenons. Mais lentement, lentement, une idée naît en nous, et c'est ainsi que débute le voyage de Beata.

SCÈNE 23

Entre les lignes

Le nombre de diagnostics posés explose. La raison en est évidemment que le nombre de complications augmente pour ceux sur qui portent différents diagnostics *soupçonnés* – des complications très souvent liées au stress.

La plupart des gens font simplement face à une situation qui les pousse à essayer de comprendre pourquoi leur quotidien ne fonctionne pas comme celui des autres.

Il est de plus en plus nécessaire et courant de faire appel à certains moyens qui décrivent par exemple que l'on a un handicap : des outils que nous appelons diagnostics. Voilà pourquoi les diagnostics sont bons, ils sauvent des vies.

Que nous ne sachions ensuite pas comment ils se révèlent et pourquoi ils sont continuellement alimentés par des modèles fautifs, au risque souvent de faire plus de mal que de bien, c'est une autre affaire.

L'autisme, le TDAH et tous les autres handicaps fonctionnels neuropsychiatriques ne sont pas des handicaps en soi. Dans de nombreux cas, ça peut au contraire être une superforce et un mode de pensée original dont on entend très souvent parler les artistes. Des artistes comme moi, par exemple.

Mais les complications qui apparaissent parfois à cause d'un diagnostic peuvent sans aucun problème être comparées à un handicap, créé par l'ignorance, un traitement erroné, la discrimination ou une incapacité à l'adaptation sociale… Un handicap que l'on distingue rarement.

Ce dernier peut être porté par plusieurs personnes. En tant que membre de la famille, on peut soulager, défricher et partager les complications. Avec une aide et des adaptations appropriées, les problèmes s'effacent très souvent avec les années. Mais sans cela, notre expérience montre que les problèmes se propagent rapidement et que toute la famille risque d'être plus ou moins codépendante ou même cohandicapée.

C'est exactement ce qui se passe à l'heure actuelle en Suède dans des dizaines de milliers de familles – des familles qui vivent en majeure partie hors de la société suédoise, dans une exclusion dont personne ne semble avoir conscience.

Il n'y a bien sûr aucun intérêt économique ici. Pas de lobbies. Ici, parmi les enfants invisibles et les familles invisibles, on trouve à peine quelques témoignages. C'est trop éprouvant et je manque de force. Car entre les lignes, il y a une histoire qui semble impossible à raconter.

Une histoire que personne n'a la force ou la capacité de documenter, car ceux qui l'ont vécue un jour ne veulent au grand jamais se retourner dessus et devoir y repenser. C'est trop pénible. Trop vaseux.

Cette histoire est beaucoup trop humiliante pour tous ceux qu'elle implique – et c'est pour cette raison que je dois, malgré tout, la raconter.

C'est mon devoir puisque je peux me faire entendre. Je dois parler de toutes les conversations téléphoniques quotidiennes avec les enseignants et les parents pour faciliter et permettre un quotidien. Avec le professeur d'éducation manuelle, le remplaçant de mathématiques, le père du copain de classe. De tous les milliers d'e-mails à différents pédagogues, envoyés tard le soir pour ne pas déranger les enfants et afin qu'ils puissent dormir. Être toujours obligée d'être celle qui rappelle que ce qui est le mieux pour la majorité peut être le pire pour l'individu.

Les groupes de gym qu'il faut changer, les interrogations écrites qui ne fonctionneront pas. Les excursions qu'il faut annuler. Les médicaments qui s'épuisent et les pharmacies qui n'ont pas reçu l'ordonnance. Tous les stagiaires qui n'apparaissent jamais et les nuits blanches et les files d'attente téléphoniques au BUP et les mots de l'école qui n'arrivent pas.

Les voisins qui se plaignent et les murs ravagés et les amis qui sont déçus et cessent de donner des nouvelles. Tous les téléphones mobiles, les ordinateurs et les comptes Instagram qu'on veut envoyer au diable.

Tous les antidépresseurs et les tranquillisants. Les jours où je ne peux pas dormir chez moi parce que je fais trop de bruit. Les concerts et la musique que je dois apprendre au sous-sol. Les copains qui ont dit des choses sur Snapchat.

Tous ces jours où l'on n'a ni force, ni envie. Tous ces jours qui ne sont que ténèbres désespérantes.

Tous ces jours – chaque jour sans exception, pendant cinq ans – où notre famille n'a pu prendre un seul repas en commun, à peine passer un peu de temps dans la même pièce.

L'autocollant des Mouvements de résistance nordiques sur la porte et les photos de notre maison diffusées sur le Net. Et les soirs où nous sommes allés aux urgences pédopsychiatriques, où on nous a donné un sandwich au fromage dans la salle d'attente avant que nous rentrions à la maison parce que tout cela n'était qu'une tentative de notre part de poser des limites.

Tous ceux qui restent à la maison : les enfants qui n'arrivent plus à aller à l'école.

Quelqu'un doit parler de ce système scolaire dont un élève sur quatre est exclu. Des élèves qui n'obtiennent pas de diplôme de fin d'études parce que les écoles spécialisées qui gagnent des dizaines de millions de couronnes « n'ont pas réussi » à embaucher des enseignants. L'échec le plus rentable au monde.

Des enfants autistes forcés de fréquenter des écoles où 82 % d'entre eux sont harcelés. Toutes les réunions de crise avec ces établissements et tous les parents et les enseignants qui heurtent le mur. Tous ceux dont la situation est encore plus difficile que la nôtre.

Les liens entre autisme et dépression, et les enfants qui se suicident.

Les statistiques les plus noires. Les filles anorexiques.

Et tout ce chagrin sans fond, le chagrin, le chagrin devant toutes les enfances inexorablement perdues parce que nous vivons dans une société qui inclut chaque jour moins de gens.

Une société à laquelle nous consacrons tout notre temps et toutes nos forces pour nous y adapter. Non, pas besoin d'une différence fonctionnelle neuropsychiatrique pour être capable de voir tout ce qu'il y a de malade autour de nous.

Mais le fait est que, parfois, la chose la plus saine qu'une personne puisse faire est de se briser. Le problème, c'est que ça n'aide pas sur le long terme.

Alors nous ne renonçons pas.

Quoi qu'il arrive, nous ne renonçons jamais.

Nous essayons.

Nous nous réparons les uns les autres.

Nous ne serons peut-être pas toujours complètement d'aplomb, mais nous pouvons aller mieux, et cette idée est une force.

Il y a de l'espoir.

SCÈNE 24

Streetdance

On est mardi, et nous commençons tout juste à nous remettre d'un véritable week-end pourri.

Vendredi, une nouvelle enseignante est allée demander à Beata pourquoi elle avait l'air aussi fatiguée, et à quelle heure elle avait l'habitude de se coucher le soir, en fait ?

« Minuit », a répondu Beata. L'enseignante a fait un bond et s'est fendue d'un long exposé – plein de bonnes intentions, bien sûr – sur le moment où il faut aller se coucher et le nombre d'heures de sommeil qu'il faut pour pouvoir affronter l'école, et tout ce qu'elle a dit a tellement stressé Beata qu'elle n'a pas réussi à dormir de tout le week-end. Il a fallu trois jours pour que la famille s'écroule de nouveau comme un château de cartes.

Mais aujourd'hui, c'est mardi et c'est le jour d'aller danser.

C'est important d'être à l'heure, mais le stress d'arriver en retard est parfois tellement intense qu'il n'est même pas possible de se mettre en route.

Alors nous prévoyons large.

Car il se trouve que Beata doit éviter certains pavés.

Elle doit toujours avancer le pied gauche d'abord, et si elle se trompe, elle recommence. Et je dois marcher exactement de la même façon qu'elle, ce qui est difficile parce que j'ai de grandes jambes, et c'est assez comique de nous voir sautiller dans la rue, dans un sens, puis dans l'autre...

Il n'y a que 1 kilomètre à parcourir, mais il nous faut presque une heure, et il n'y a qu'avec moi qu'elle a cette obsession. Et je comprends très bien. Car je faisais la même chose avec ma mère – tous mes tics empiraient nettement quand j'étais avec elle.

Quand nous arrivons, nous découvrons qu'il y a un remplaçant aujourd'hui, et ce n'est pas bien, car ce sera différent, et Beata ne supporte pas le changement. Je m'assieds et j'attends.

Tous les mardis, j'attends deux heures à cet endroit. Je n'ai pas le droit de bouger, pas même d'aller aux toilettes, car ça inquiète Beata. Elle doit pouvoir me voir en permanence par l'entrebâillement de la porte.

Je sens les basses vibrer dans les murs et le sol. L'agitation monte en moi. Le volume sonore n'est pas si élevé, d'habitude. Je réponds à quelques e-mails sur mon mobile et j'essaie de faire quelque chose d'utile. Au bout d'un moment, j'approche et je jette un coup d'œil par l'ouverture du rideau de l'autre côté de la porte. La musique gronde à l'intérieur, huit filles font de la street dance pendant que le remplaçant leur crie les pas à effectuer. La neuvième fille ne danse pas du tout – debout au milieu de la pièce, elle a les mains sur les yeux et sanglote. Tout son corps tremble.

Je me précipite à l'intérieur et je demande pour la dix-huit millième fois qu'ils baissent le son et vous ne voyez pas qu'elle pleure ?! Mais le remplaçant ne voit pas pourquoi il s'en soucierait, alors j'emmène Beata et je rentre à la maison. Et la danse vient s'inscrire dans la longue liste des activités collectives ratées.

Mais avant de partir, je peux la serrer dans mes bras.

Longtemps. Elle pleure sans pouvoir s'arrêter dans mes bras, et c'est affreux, mais je peux au moins me sentir comme une maman dont son enfant a besoin.

C'est la première fois depuis longtemps que je peux serrer ma petite fille bien-aimée dans mes bras. C'est comme rentrer à la maison après une vie en exil.

C'est le meilleur moment.

De tous.

SCÈNE 25

Réceptions à faible activation physiologique

C'est l'automne, Beata passe des examens pour divers troubles du neurodéveloppement (TND). Nous assistons à la dernière visite du BUP avant l'évaluation collective avec Beata et le personnel enseignant.

« Je me souviens quand Beata devait se faire vacciner à l'école. Elle s'en faisait pendant des semaines, raconte Svante. Il lui arrivait de pleurer énormément parce qu'on allait lui faire cette piqûre. Alors quand le jour arrivait, je l'accompagnais à l'infirmerie, et pendant tout le temps où nous étions là, elle n'exprimait rien. Elle quittait son pull, tendait le bras et se faisait piquer sans broncher. Elle avait l'air de regarder un film barbant à la télé. On lui mettait un pansement, elle remettait son pull et retournait en cours comme si elle venait de vivre quelque chose d'extrêmement simple et banal. Mais en rentrant à la maison, dans l'après-midi, elle craquait complètement et faisait une longue crise de fureur. » Svante bégaie un peu quand il raconte, exactement comme lorsqu'il est bouleversé.

Plusieurs diagnostics conviennent en partie, mais elle ne répond pas à tous les critères nécessaires pour qu'on puisse, avec certitude, en poser un.

« On peut avoir 90 % de TDAH, 60 % d'autisme, 50 % de trouble oppositionnel avec provocation et 70 % de trouble obsessionnel compulsif, explique la psychologue. Alors au total, ça fait plus de 100 % de TND, mais encore aucun diagnostic en bonne et due forme. »

Quand elle a fini, je me rends compte que, pour la première fois en quinze ans, Svante pleure à chaudes larmes en public. Il ne pleure pas souvent, de façon générale, mais là, il n'arrive plus à s'arrêter.

« Vous devez l'aider », répète-t-il en sanglotant. Encore, et encore, et encore.

Beata se voit finalement poser le diagnostic de TDAH, avec des éléments d'Asperger, de TOC et de trouble oppositionnel avec provocation.

Si elle n'avait pas eu ce diagnostic, nous n'aurions pas pu procéder aux adaptations avec l'école qui la font fonctionner et se sentir bien. Sans ça, je n'aurais pas pu expliquer aux parents de tous les copains, aux enseignants et aux adultes. Si elle n'avait pas été diagnostiquée, je n'aurais pas pu continuer à travailler. Nous n'aurions jamais pu écrire ce livre.

Une bien triste réalité. C'est le jour et la nuit.

Enfin, c'est un nouveau départ pour elle, une explication, une réhabilitation.

Beata fréquente une bonne école. Une école qui a des moyens et du personnel compétent. L'une des très rares qui commencent à prendre l'inclusion, les handicaps et l'adaptation individuelle au sérieux. Mais ce sont toujours les efforts individuels et volontaires de certains enseignants qui font la plus grande différence.

Les siens sont merveilleux et font tout pour que ça fonctionne. Elle n'est pas obligée de faire ses devoirs. Nous écartons toutes les activités. Nous évitons tout ce qui est générateur de stress.

Et ça marche. À la maison, nous apprenons qu'une réception à faible activation physiologique est le mieux. Quoi qu'il arrive, nous n'opposons jamais la fureur à la fureur quand ça fait plus de mal que de bien. Nous nous adaptons et nous anticipons, à l'aide de routines et de rituels rigoureux. Une heure après l'autre.

Nous essayons de trouver des habitudes qui marchent. Parfois, quand quelque chose d'inattendu survient, tout s'effondre, mais nous repartons immédiatement de zéro. Nous partageons les tâches. Nous nous occupons chacun d'un enfant. En vivant chacun de son côté.

Dans toutes les familles, il y a un héros. Beata est le nôtre. Quand Greta était au plus bas, c'est Beata qui devait se mettre en retrait et se débrouiller seule. Si elle n'avait pas agi comme ça, rien n'aurait pu être fait pour sa sœur. Sans elle, rien n'aurait été possible.

Je suis la personne la plus proche d'elle, car je suis sa maman. Et nous sommes affreusement similaires. C'est moi qui la comprends le mieux, et elle le sait. Même si elle ne l'admettra jamais.

Il m'arrive de me tromper. Il m'arrive d'être l'enfant. Je n'ai pas toujours le courage d'une réception à faible activation physiologique.

Mais je l'aimerai jusqu'à la fin des temps, et même au-delà.

SCÈNE 26

Högre Mark

Que nos enfants aient fini par recevoir de l'aide fut le résultat d'une combinaison de plusieurs éléments.

Il aura fallu soins existants, méthodes éprouvées, conseils et médicaments. Mais c'est avant tout grâce à nos propres efforts, notre patience, notre temps, notre chance et le fait qu'un certain nombre de personnes ont enfreint les règles et ont fait ce qu'elles n'avaient pas le droit de faire – parce qu'elles savaient que c'était juste – que Greta et Beata ont obtenu cette réparation.

Ça ne peut pas continuer ainsi.

Une société ne peut pas se fier à la chance ou à la désobéissance civile. La plupart des parents n'ont pas deux cent cinquante mille followers sur les réseaux sociaux qui les soutiennent. La plupart des parents ne peuvent pas rester à la maison à plein temps sans se mettre en arrêt maladie. La plupart des parents n'ont pas l'avantage d'un bon statut social.

II

DES GENS RAVAGÉS SUR UNE PLANÈTE RAVAGÉE

Je n'en peux plus.
Enfin, si, mais vous voyez le principe.

Nina HEMMINGSSON

SCÈNE 27

Reniement

Un parfum d'adoucissant s'échappe d'une bouche d'aération dans Fleminggatan.

Stockholm. Janvier.

Des cimetières de sapins de Noël.

Une sempiternelle pluie glaciale me suit dans les rues détrempées.

À Noël et pour le jour de l'An, la ville est presque vide, tous les Stockholmois sont ailleurs.

Tout le monde est à Los Angeles ou en Thaïlande. En Floride ou à Sydney. Aux Canaries ou en Égypte.

Nous, les Suédois, nous sommes sans pareil. Nous défendons la plupart des causes importantes à nos yeux. Nous nous battons pour les réfugiés, les personnes menacées et les injustices.

Dans une perspective écologiste, en revanche, nous ne sommes pas aussi fantastiques, et parmi les pires de tous il y a des gens comme moi.

« Vous, les célébrités, vous êtes pour l'environnement à peu près ce que Jimmie Åkesson[1] est pour

1. Leader du parti anti-immigration Sverigedemokraterna, « les Démocrates de Suède ».

la société multiculturelle », lance Greta à la table du petit déjeuner.

Ce n'est pas agréable à entendre lorsqu'on aime le multiculturalisme. Mais je crois que c'est vrai. Non seulement pour les célébrités, mais pour la plupart des gens. Tout le monde veut être progressiste et rien ne peut transmettre le succès et le progrès mieux que le luxe, l'abondance et les voyages, les voyages, les voyages.

« En même temps, il se trouve que si je tombe malade ou si je ne suis plus populaire, je ne toucherai plus une seule couronne, tenté-je. Juste parce qu'on a des possibilités de se faire entendre et de donner l'exemple, on ne peut pas toujours être redevable d'une responsabilité morale. »

Mais Greta ne suit pas. Elle parcourt mon flux Instagram. Elle est en colère.

« Cite-moi une seule célébrité qui se bat pour le climat ? Cite-moi une seule célébrité prête à sacrifier le luxe de faire le tour du monde en avion ?

— Elles se battent pour d'autres causes, je réponds, faute d'un meilleur argument.

— OK ! Cite-moi une seule cause pour laquelle elles se battent, alors, à part peut-être contre une guerre nucléaire totale que personne ne pourrait réparer à l'avenir ? »

Elle a raison, bien sûr. Si nous continuons de détruire la planète, nous ne la réparerons jamais et les générations futures ne pourront bientôt pas tout arranger, peu importe leur volonté de le faire.

Et bien entendu, nous nous battons pour les mauvaises causes. Ou plus exactement : nous nous battons pour de bonnes causes, mais tant que nous combattons la question la plus importante de toutes par notre mode de vie, nous risquons fort de finir par nous battre en vain.

Bien entendu, tout le monde n'a pas besoin de devenir écologiste. Mais un strict minimum serait au moins de cesser de détruire activement notre environnement et notre planète, et que nous arrêtions d'élever notre massacre du climat au rang de trophée sur les réseaux sociaux.

Bien sûr, je suis moi-même une part du problème.

Il s'est écoulé moins de trois ans depuis que j'ai publié des selfies ensoleillés pris au Japon. Un « Bonjour de Tokyo », et des dizaines de milliers de *likes* ont déferlé dans le téléphone.

Dans l'avion du retour, j'ai passé toute une journée à observer la Sibérie et l'océan Arctique pendant que les moteurs chantaient leur rôle-titre dans la libération de gaz à effet de serre de la toundra, tirés du sommeil de cent ans du pergélisol.

Quelque chose me faisait mal. Une chose que j'avais appelée par le passé mal de l'air ou peur de l'avion, mais qui prenait maintenant une autre forme. Quelque chose clochait.

Mais je m'étais produite devant huit mille personnes et les concerts avaient été enregistrés pour la télévision japonaise, alors mon voyage avait servi un but, me disais-je.

Comme si la biosphère et l'écosystème se souciaient de la télévision japonaise.

Le déni est une force puissante.

SCÈNE 28

Gloutonnerie

Une atmosphère équilibrée et fonctionnelle – de notre point de vue – est une ressource finie ; une ressource naturelle limitée qui appartient à tout le monde, à parts égales. Au rythme des émissions actuelles, cette ressource prendra fin dans dix-huit ans.

Au mieux.

Dans une atmosphère fonctionnelle pour nous, la part de dioxyde de carbone ne devrait pas dépasser 350 millionièmes, d'après d'éminents chercheurs. Nous avons déjà dépassé 410 au quotidien, et dans dix ou douze ans, nous devrions atteindre 440.

Et ainsi de suite.

Les émissions pour un passager en classe économique lors d'un aller-retour Stockholm-Tokyo sont de l'ordre de 5,14 tonnes de dioxyde de carbone, d'après le service de compensation carbone de l'aéroport d'Arlanda.

Cela correspond en gros à la consommation par une personne de 200 kilos de viande de bœuf pendant la durée totale du vol, environ vingt-cinq heures.

Nos nouvelles habitudes ont incontestablement placé la gloutonnerie des Romains de l'Antiquité et de l'aristocratie française du XVIIIe siècle dans une autre perspective.

Selon la Banque mondiale, les émissions moyennes d'un habitant d'Inde sont de 1,7 tonne par an. Au Bangladesh, ce chiffre est de 0,5 tonne.

Et non, nous ne pourrons bientôt plus parler de solidarité et d'égalité sans marcher dans les traces que nous avons laissées sur l'écologique. Nous battre pour la justice est un mandat qui menace de nous glisser des mains.

SCÈNE 29

Symbiose

J'aurais dû écrire un livre de cuisine, plutôt. Un livre sur les biscuits ou sur mes compositeurs préférés. Ou une véritable autobiographie. Les mémoires d'une chanteuse.

Rien sur le burn-out, les médicaments ou les diagnostics.

Un livre sympa. Sur le yoga, peut-être. Dans lequel je m'engage aussi pour des questions environnementales sympas, bien sûr : les sacs plastique, le gaspillage alimentaire, ou autre chose qu'on ne puisse pas trouver désagréable ou pénible.

Un livre positif qui ne concerne en rien les troubles alimentaires ou les dépressions. Ou le fait que certains jours, on ne quitte tout simplement pas son lit parce qu'on ne le peut pas, ne le veut pas ou n'en a pas la force. Ou qu'on pense comme on se refuse d'ordinaire à penser.

Je n'aurais pas dû écrire un livre sur ce que j'ai ressenti.

Je n'aurais pas dû écrire un livre sur ce que ma famille a ressenti pendant de longues périodes ces dernières années.

Mais il le fallait. Car nous allions très mal. J'allais très mal. Svante allait très mal. Les enfants allaient très mal. La planète allait très mal. Même le chien allait très mal.

Et nous étions obligés de le coucher sur le papier.

Tous.

Car quand nous avons admis pourquoi nous allions si mal, nous avons commencé à aller mieux.

Nous étions obligés d'en parler, car nous faisons partie de ceux qui ont reçu de l'aide. Nous avons eu de la chance, et je crois parfois que nous allons sortir plus forts de ces épreuves. Plus forts et entiers. Je me le répète assez souvent.

Et il est temps que nous partagions notre expérience. Nous devons commencer à dire les choses comme elles sont.

Nous vivons dans une ère d'abondance historique. Les ressources mondiales n'ont jamais été aussi importantes. Tout comme les fractures qui séparent les riches et les pauvres. Certains possèdent infiniment plus qu'ils n'en ont besoin. D'autres n'ont rien.

En même temps, le monde autour de nous va de plus en plus mal. Les glaces fondent. Les insectes meurent. Les forêts sont ravagées, et les océans et les écosystèmes sont à bout.

Comme tant de personnes autour de nous.

Des gens qui se sont brisés comme nous nous sommes brisés, des gens aussi cassés qu'il est possible de l'être. Nos amis.

Ceux qui n'ont pas réussi à continuer à avancer.

Ceux qui ne correspondaient pas au modèle.

Ceux qui n'ont pas eu la chance de rencontrer les bons médecins.

Ceux à qui on n'a même pas accordé une place dans les statistiques.

Tous ceux qui vivent réellement en symbiose avec la planète qu'ils habitent. Même si ce n'est pas la symbiose dont on parle habituellement, cette vie simple en harmonie avec la nature.

Il s'agit d'une autre harmonie. D'un autre accord.

Il s'agit de gens ravagés sur une planète ravagée.

Et les histoires de ce genre n'ont pas leur place dans les livres de cuisine.

SCÈNE 30

Astrophysique

Il faut 23 heures, 56 minutes et 4,091 secondes à la Terre pour faire un tour complet sur son axe et avancer d'un jour. On a parfois l'impression que ça va plus vite, mais la vitesse est constante, au millième de seconde près. En revanche, d'autres choses tournent à une vitesse qui augmente incontestablement – nos vies, par exemple.

Quand j'étais petite, on disait qu'un ordinateur ne pourrait jamais remplacer une personne.

« Prends les échecs, par exemple ! Un ordinateur ne pourra jamais battre un être humain », disait-on.

Puis, en 1990, un certain Ray Kurzweil a affirmé que si la capacité mondiale de données informatiques doublait chaque année, un ordinateur battrait le meilleur joueur d'échecs au monde avant 1998 ; question de simple logique.

Et effectivement, le 3 mai 1997 à New York, au cours d'une des compétitions les plus célèbres, le champion du monde en titre Garry Kasparov a été battu par le programme informatique Deep Blue d'IBM.

Et la cause était entendue.

Aujourd'hui, Ray Kurzweil est directeur de développement chez Google, et il prétend, entre autres, qu'un enfant équipé d'un smartphone dans un village en Afrique a accès à plus d'informations que le président américain il y a seulement vingt ans. Pour Kurzweil, ce n'est qu'une question de temps avant que les ordinateurs puissent posséder une intelligence humaine artificielle – une évidence mathématique qui se vérifiera au plus tard en 2029. Ce qui en dit très long sur la vitesse à laquelle notre société change.

Mais ça ne dit pas tout.

Nous vivons plus, nous ressentons plus, nous pensons plus. Sur les réseaux sociaux, nous débattons de questions de société à une vitesse et avec une ampleur qui font passer les années 1990 pour une société paysanne ancienne.

Rien ne doit être laissé de côté, tout doit être polarisé. L'acuité de tous les problèmes doit être révélée.

Nous produisons plus. Nous consommons plus, il se trouve que tout ce que nous faisons, nous le faisons plus. Toujours plus.

SCÈNE 31

Think big and kick ass in business and life

Voilà le titre de l'un des best-sellers du président américain.

Think BIG !

Donald Trump incarne ce qu'il y a de pire dans notre société. Il est le bout du monde de notre temps, mais nous vivons évidemment depuis longtemps dans son monde. Dans le monde des vainqueurs. Un monde où tout doit être en expansion.

Le monde est comme un manège qui tourne beaucoup trop vite – et de plus en plus vite.

Mais quelle vitesse suffit ? N'allons-nous jamais atteindre un point critique, un point où nous ne pourrons plus fermer les yeux sur tous ceux qui ne parviennent pas à s'adapter à la vitesse ; ceux qui tombent en route ?

Tous ceux que nous sacrifions au profit d'une société en perpétuelle croissance. Au profit d'un niveau de vie plus élevé, puisque la force motrice pour vivre un peu mieux et approcher un peu plus le haut du panier, dans tout ce qu'il a de vertigineux, pousse tout. Si on ferme les yeux sur le fait que nous sommes bien partis pour scier la branche sur laquelle nous sommes tous assis, cela peut même parfois sembler normal de raisonner de la sorte. Et nous coopérons.

Or, le fait est qu'au milieu de toutes les courbes de croissance ascendantes, beaucoup de gens vont de plus en plus mal. La solitude involontaire est devenue une maladie populaire chronique. Le burn-out et les troubles psychiques ne sont plus une bombe à retardement – la bombe a déjà explosé.

SCÈNE 32

Maladies liées au stress et chiffres de la santé précaire

La précarité de la santé psychique chez les enfants de 10 à 17 ans s'est aggravée de plus de 100 % en dix ans. À en croire un rapport publié en décembre 2017 par le Conseil national de la santé, près de cent quatre-vingt-dix mille enfants et jeunes adultes souffrent d'un trouble psychique. La situation est plus mauvaise pour les filles et les jeunes femmes, dont 16 % ont déjà eu des contacts avec la pédopsychiatrie. Ce qui représente presque une fille sur six en Suède.

Le nombre de diagnostics de TDAH et d'autisme a plus que doublé sur les cinq dernières années.

On parle de dizaines de milliers de gens qui passent leur temps enfermés chez eux. La zone grise concernant ces enfants est grande, et les chiffres non divulgués, considérables – car personne ne veut en faire partie. Mais dans ces statistiques incomplètes, nous devinons les contours d'une catastrophe.

Et on ne voit nulle part de signe que cette tendance va à la baisse. Ou ralentit.

Elle accélère.

SCÈNE 33

En jupe et gants de boxe

Nous cherchons les causes de l'état des choses. Nous cherchons et nous pensons que nulle part sur terre, la femme n'est l'égale de l'homme, et que les preuves en sont omniprésentes et permanentes. Bien sûr, certains exemples sont plus évidents que d'autres, mais quand on commence à chercher, les découvertes semblent ne jamais prendre fin.

En généralisant de façon grossière, la femme la plus forte ne peut se mesurer à l'homme le plus fort en matière de muscles ou de capacité pulmonaire. Ce qui ne veut pas dire que les femmes sont plus faibles que les hommes.

Tout dépend de la façon dont on considère la force et les qualités qu'on estime le plus. Mais personne ne doit pouvoir nier que celles que l'on associe traditionnellement au succès et à la fortune sont étroitement liées à la physiologie masculine.

Plus haut, plus grand, plus fort, plus vite. Davantage.

Et quand nous disons que nous voulons une société égalitaire, ça implique souvent, en pratique, que si nous voulons réussir, nous, les femmes, nous devons accepter ces qualités masculines que nous ne pourrons jamais nous approprier dans la même mesure. Nous devons tout simplement devenir comme l'homme.

Nous devons rivaliser avec l'homme aux conditions que l'homme a fixées. Tout comme la femme sur cette illustration iconique qui retrousse ses manches et montre le biceps, nous devrions toutes être des femmes en jupe et en gants de boxe : les symboles d'un combat que nous ne pourrons, en fin de compte, jamais gagner. Et si nous le faisons, contre toute attente, nous serons vraisemblablement perçues comme non féminines – trop fortes, trop bien préparées et, quelle que soit la façon dont on s'y prendra, ce sera presque toujours mal et ça continuera exactement de la sorte jusqu'à ce que nous commencions pour de bon à dévoiler les structures qui régissent ce monde.

Ces structures qui font tomber, à chaque seconde qui passe, davantage de gens du manège. Ces structures qui ne cessent d'exposer les uns et les autres à des dangers directs puisque nous sommes contraintes de devenir ce que nous ne sommes pas pour prétendre avoir du succès. Ou même pour trouver notre place, tout simplement.

D'après l'Assurance maladie, le nombre d'arrêts liés au syndrome d'épuisement a doublé chaque année depuis 2010. Six fois. Plus de 80 % des personnes concernées sont des femmes.

Tous ces chiffres délivrent un message clair. Un message dramatique.

Et le fait qu'ils ne prennent pas plus de place dans le débat social ou les flux d'actualités en dit long aussi. Ce qui explique – encore une fois – aux générations à venir ce qu'on considère comme important.

Et ce qu'on considère comme ne l'étant pas.

Le féminisme, en revanche, est un sujet infiniment subjectif, et nombreux sont les gens qui réagissent quand on l'évoque dans une perspective pérenne. Le lien mérite une section propre dans toutes les bibliothèques bien achalandées, mais dans ce contexte précis, il suffit sans doute de constater que les femmes et les hypersensibles sont nettement surreprésentés dans les statistiques on ne peut plus sombres qui composent la face cachée de notre société de compétition.

SCÈNE 34

Une rallonge historique

Comme je l'ai déjà écrit, nous nous trouvons dans une crise de durabilité. Mais nous nous trouvons aussi dans une crise climatique aiguë. Presque plus personne ne nie cette crise, et c'est bien. Le problème, c'est qu'entre le moment où l'on reconnaît l'existence de cette crise et celui où l'on comprend sa portée, le fossé est grand. Immensément grand.

Les êtres humains sont actuellement au milieu de cette traversée – un vide où tout peut continuer comme d'habitude.

Nous pensons savoir ce que la crise implique.

Tout le monde suppose que tout le monde sait.

SCÈNE 35

Une lettre à tous ceux qui ont la possibilité d'entendre

Je m'appelle Greta et j'ai quinze ans. Ma petite sœur, Beata, va fêter son treizième anniversaire cet automne. Nous n'avons pas le droit de voter aux élections législatives, même si les questions politiques en jeu aujourd'hui influenceront nos vies entières d'une façon incomparable à ce que les générations antérieures ont connu.

Si nous vivons jusqu'à cent ans, nous serons bien avancées dans le prochain siècle et ça a l'air super amusant, je sais. Car quand on parle du *futur* aujourd'hui, ça ne concerne que quelques années à venir. L'an 2050, par exemple, paraît déjà si lointain que ça n'existe même pas dans notre imagination. Mais à ce moment-là, ma petite sœur et moi n'aurons même pas vécu la moitié de nos vies – espérons-le, en tout cas. Mon grand-père paternel a quatre-vingt-treize ans et son père a vécu jusqu'à quatre-vingt-dix-neuf ans, alors ce n'est pas du tout impossible que nous vivions longtemps.

En 2078 et 2080, nous fêterons notre soixante-quinzième anniversaire. Si nous avons des enfants et des petits-enfants, ils voudront peut-être fêter cet anniversaire avec nous. Nous leur raconterons peut-être comment c'était quand nous étions enfants. Nous leur parlerons peut-être de nous.

Ils se demanderont sans doute pourquoi nous, qui avions la possibilité d'entendre, n'avons absolument rien dit. Mais ce ne sera pas forcément le cas. Car il peut arriver que nous nous mettions enfin à agir comme si nous étions au beau milieu de la crise dans laquelle nous nous trouvons en réalité.

Vous dites souvent que les enfants sont notre futur, et que vous allez tout faire pour les vôtres. Ce message est porteur d'espoir. Si vous pensez ce que vous dites, écoutez-nous, s'il vous plaît : nous ne voulons pas de vos encouragements délirants. Nous ne voulons pas de vos cadeaux, de vos charters, de vos hobbies ou de toute votre liberté illimitée. Nous voulons que vous vous investissiez pour de bon dans cette crise de durabilité aiguë qui fait rage autour de vous. Et nous voulons que vous commenciez à appeler les choses par leur nom.

SCÈNE 36

Le piège du luxe

En Suède, d'après l'Office de protection de la nature, nous rejetons 11 tonnes de dioxyde de carbone par personne et par an, si nous comptons ce que nous faisons ici et ce que nous consommons à l'étranger. D'après le *Living Planet Report* du WWF, notre empreinte écologique est l'une des dix plus importantes au monde, et si tout le monde devait vivre comme nous, il nous faudrait 4,2 planètes comme la nôtre.

Nous imaginons que nous avons toujours le choix, que nous pouvons opposer plusieurs types d'émissions. Comme devenir végane pour pouvoir continuer à prendre l'avion. Comme acheter une voiture électrique pour pouvoir continuer à faire des achats et manger de la viande. Ou comme travailler à la compensation climatique pour des choses que nous *devons* faire alors que nous sommes déjà endettés à un point inimaginable dans une perspective durable.

La vérité, c'est que notre crédit écologique a pris fin lorsque nous avons dépassé les 350 millionièmes de dioxyde de carbone dans l'atmosphère. En 1987, plus exactement.

SCÈNE 37

Les fruits tombés de l'écologie et les déchets radioactifs

« La Suède peut devenir le premier État providence au monde libéré des énergies fossiles », a dit le Premier ministre à l'automne 2017 quand il a lu la déclaration du gouvernement. C'était parfait. Presque aussi parfait que deux ans plus tôt, quand il avait lu la déclaration du gouvernement pour dire la même chose sur le principe. Car résultats en main, il ne s'était pas passé grand-chose depuis.

D'après une enquête de l'Association de protection de la nature, en 2018, le budget environnemental de la Suède s'élève à 11 milliards de couronnes. Dans le même temps, le budget de l'État comprend des subventions directement néfastes pour l'environnement, des subventions qui réduisent le coût des émissions de gaz à effet de serre. Nous envoyons donc un camion de pompiers plein d'eau en même temps que trois camions-citernes pleins d'essence – dans le but d'éteindre un énorme incendie.

Mais.

« Libéré des énergies fossiles » est sans conteste une belle expression. Radicale et favorable à la croissance.

Et au moins aussi forte que « pérenne », même si elle est nettement moins contraignante. En effet, « libéré des énergies fossiles » veut tout dire, de l'énergie solaire et des fruits tombés de l'écologie à la déforestation, au commerce des émissions et aux déchets radioactifs.

Si nous misons sur des expressions comme « libéré des énergies fossiles », cela implique de remettre des mots d'ordre tels que « changement » à plus tard et d'augmenter notre délai de paiement écologique de nombreuses années. Et il n'y a plus qu'à continuer à frimer et à prétendre que nous sommes les meilleurs au monde.

SCÈNE 38

Le texte en petits caractères

Très souvent, nous entendons dire que nous allons bientôt devoir nous débrouiller avec deux malheureuses tonnes de dioxyde de carbone par personne et par an. Ou que nous, les Suédois, nous allons être obligés de réduire nos émissions à un dixième de ce qu'elles sont aujourd'hui si nous voulons respecter l'accord de Paris. Mais ce genre de considérations concerne des choses sur lesquelles nous n'avons aucun contrôle. Comme des inventions que personne n'a encore conçues, une agriculture viable qui n'existe pas.

Ou comme si aucun autre des presque huit milliards d'habitants de la planète ne désirait élever son niveau de vie et commencer, à son tour, à prendre les habitudes que nous considérons comme un droit évident.

« Le chiffre de deux tonnes est malheureux, estime Kevin Anderson, de l'université d'Uppsala. Il ne signifie, en réalité, rien. Je crois que c'est un vestige de l'un des premiers rapports IPCC des Nations unies, quand on prenait en compte des volumes d'émissions incomplets pour dire qu'il fallait les diviser par deux. Nos émissions de dioxyde de carbone doivent être réduites à zéro, voilà la triste vérité. »

Si s'adapter à ces chiffres cauchemardesques semble un scénario idéal pour la durabilité quoique irréalisable, ça ne veut pas dire que tout est vain, ou qu'il est trop tard. Ça veut dire que nous devons changer nos habitudes. Maintenant.

SCÈNE 39

Le songe

L'irréalité est presque le pire. Il y a des moments où les gens qui sont au courant des questions de climat et de durabilité se demandent s'ils ont perdu la raison.

S'ils sont devenus fous.

C'est le cas quand on admet que ce qui constitue notre quotidien – tout ce que nous pensons être évident – est aussi loin de la normale qu'il est possible de l'imaginer.

Tous les instants insaisissables où tout ce qui vous entoure se change en décor.

Comme une chambre d'hôtel climatisée dans une ville surchauffée et peuplée de millions d'habitants. Un centre commercial de quatre cents magasins. Conduire dans une tempête de neige jusqu'à trouver la sécurité à l'intérieur de ce qu'on appelle le Söderledstunneln. Une épicerie qui vend des produits venus de tous les endroits possibles et imaginables. Ou la sérénité ressentie grâce au regard amical d'une hôtesse de l'air suédophone qui adresse un signe de tête reconnaissant quand on monte à bord d'un vol SAS quelque part de l'autre côté du globe.

Tout ce que nous et tous les autres qui peuplent notre quotidien percevons comme naturel et qui fait se sentir en sécurité, en un tournemain, loin du danger.

À présent, tout ça ressemble à de la mise en scène, à un décor grandiose datant de l'ère humaine : l'anthropocène.

La fête touche à sa fin.

Le jeu est terminé.

Puis une fenêtre s'ouvre et une lumière nouvelle emplit la pièce. L'irréalité devient réalité.

Les tentures et les rideaux claquent dans le vent. Les accessoires tournoient en masse. Les masques et les accents tombent et retentissent sur la scène et dans le salon. Tout est sens dessus dessous.

Nous qui avons séparé notre culture de la nature, nous qui avons toujours affiché une façade, nous venons de franchir une frontière invisible. Les uns après les autres, nous nous arrêtons lentement et nous semblons nous figer dans la pièce de théâtre qui se poursuit, malgré tout, frénétiquement autour de nous.

Mais la représentation est déjà terminée, et l'heure est venue de commencer à changer de comportement. De briser le quatrième mur. D'arrêter de faire semblant.

Une société qui donne la priorité à l'apparence plutôt qu'au contenu ne peut jamais être une société durable, et nous n'arriverons jamais à résoudre cette crise du climat et de la durabilité si nous ne réglons pas nos comptes avec cette culture qui nous interdit de parler de ce que nous ressentons véritablement – ce que nous choisissons depuis des décennies, des siècles, d'ignorer et de cacher sous le tapis.

SCÈNE 40

L'art de mentir

« Il arrive que nous, les hommes, nous créions le désordre. » Le Premier ministre parle du climat en direct de l'Assemblée nationale.

« Il ment ! s'écrie Greta en se levant du canapé devant la télé. Il ment !

— Quoi ? demandé-je.

— Il dit que c'est nous, les hommes, qui créons le désordre, mais ce n'est pas le cas. Je suis une personne et je n'ai pas fait de désordre. Beata non plus, et papa ou toi non plus.

— Non, tu as raison.

— Il dit ça uniquement pour que nous continuions comme d'habitude, parce que si tout le monde est coupable, personne ne l'est. Mais il y a des coupables, alors ce qu'il dit n'est pas vrai. Il y a quelques centaines d'entreprises qui sont responsables de presque toutes les émissions. Et il y a une poignée d'hommes très riches, qui ont gagné des dizaines de milliards en détruisant la planète, alors même qu'ils connaissaient les risques. Donc le Premier ministre ment, comme tous les autres. »

Greta pousse un soupir.

« Tout le monde n'est pas responsable. Seulement quelques personnes, et pour pouvoir sauver la planète, nous devons les combattre, eux, leurs compagnies et leur argent, et leur demander des comptes. »

SCÈNE 41

Croissance verte

Chaque fois que nous entendons un homme politique ou un directeur du développement durable parler du climat et de l'environnement, il dit la même chose que tous les autres : que nos émissions doivent diminuer.

Diminuer, elles le doivent. De 10 à 15 % par an si nous voulons respecter l'impératif des 2 °C de l'accord de Paris.

Le problème, c'est juste que ces émissions qui doivent baisser ne le font jamais, à de rares exceptions près. Et puisque l'une de ces rares exceptions est survenue à la suite d'une crise financière internationale, ce n'est peut-être pas étonnant que ces diminutions ne soient pas toujours souhaitables pour tous ceux qui raisonnent à plus court terme qu'un musée d'histoire naturelle. Autrement dit, plus ou moins tous les êtres humains sur cette planète.

Alors ces émissions continuent d'augmenter, bien que nous ayons atteint depuis longtemps des niveaux très supérieurs à ceux exigés pour maintenir un climat stable. La dernière fois que nous avons eu cette quantité de dioxyde de carbone dans l'atmosphère, le niveau des eaux était supérieur d'environ 20 mètres à ce qu'il est aujourd'hui.

Et non, ce n'est bien sûr pas du tout un hasard si les émissions augmentent. C'est un choix conscient, qui va se poursuivre jusqu'à ce que nous décidions que notre but ultime n'est plus une meilleure croissance économique. La réduction draconienne de nos émissions sera envisageable lorsque nous déciderons de fermer aussi vite que possible les puits de pétrole et de nous adapter à la nouvelle réalité à laquelle les équipes de recherche à travers le monde nous renvoient invariablement.

Ce qui ne veut pas dire qu'une croissance verte et durable n'est pas souhaitable, possible ou bienvenue.

Mais pour l'heure, nous ne pouvons avoir d'autre priorité, car toutes nos marges de manœuvre ont pris fin.

SCENE 42

La partie chiante

Assis devant l'ordinateur, Svante se frictionne vigoureusement le visage. Nous avons reçu une ébauche du livre, et nous apprécions maintenant le résultat. Il se tourne vers Greta.

« OK, certains disent que ce n'est pas facile à lire autour de la scène 41, ils trouvent que c'est beaucoup plus drôle quand Beata et toi participez. On peut ajouter quelque chose, ici ?

— Où ça ? » demande Greta, qui vient de choisir quelques photos de porcs dans un abattoir. Elle espère qu'elles seront intégrées au livre dans un passage concernant les milliards d'animaux qui passent leur courte vie sur un tapis roulant parce que nous, humains, nous nous sommes arrogé le droit de tout industrialiser, même la vie.

« Autour de cette scène, peut-on écrire quelque chose sur vous, à la place ?

— Non, répond-elle sèchement. Il y a déjà plein de choses privées. Le burn-out de maman, toutes ces choses que tout le monde adore lire quand il s'agit de célébrités. C'est un livre sur le climat, il doit être ennuyeux. Ils tiendront le coup. »

SCÈNE 43

Business as usual

Une guerre de l'information fait rage au sujet de nos conditions de vie futures sur de grandes parties de la planète Terre. Les chercheurs et les organisations écologistes ont leur version, les sociétés et les lobbies en ont une autre.

Grâce au manque d'intérêt des médias, notre avenir ou non-avenir écologique a été réduit à un jeu politique dans lequel les mots s'opposent aux mots, où le plus populaire triomphe. Et devinez quelle crise climatique et durable se vend le mieux ? Celle qui exige des changements radicaux ou celle qui dit que nous pouvons continuer à consommer et à prendre l'avion pour les siècles des siècles ?

Devinez derrière quelle crise la plupart des politiques se rangent ? Le problème, c'est simplement qu'avec l'alternative la plus populaire, nous négligeons certains petits détails. Par exemple, le fait que la crise est bien une crise, et non, comme on essaye de nous le faire croire en premier lieu, une possibilité de nouveaux progrès économiques. Alors la plus grande menace contre l'humanité est noyée dans une marée de promesses durables concernant une future croissance « verte » éternelle.

On ne parle pas de la fonte des glaces. On n'entend rien sur le risque que l'agriculture industrielle fait peser au niveau mondial sur notre avenir. Et personne ne parle des ravages considérables sur les forêts équatoriales, à tel point qu'elles ne réussissent plus à capturer le dioxyde de carbone, mais qu'elles émettent au contraire des quantités gigantesques de cette substance qui empoisonne lentement l'atmosphère.

L'une des plus grandes qualités de l'homme est sa capacité d'adaptation face aux changements. Et même si, dans un premier temps, nous ne les acceptons pas, nous cédons presque toujours quand nous sommes confrontés à des événements décisifs.

La sixième extinction de masse de la planète, celle qui a commencé autour de nous, est un événement décisif. Le processus de fonte au Groenland, en Arctique et en Antarctique est un événement décisif. Le fait que nous ayons vécu une ère exceptionnelle de stabilité climatologique – une stabilité qui a rendu possible l'apparition des civilisations – et que notre style de vie ait fait que cette époque est désormais révolue, c'est aussi un événement décisif. Mais ces histoires ne seront pas entendues si nous les noyons sous un raz-de-marée d'ordures.

Un nouvel ordre mondial est arrivé. Des intérêts économiques astronomiques sont en jeu : mensonges, demi-vérités et statistiques créatives sont volontiers propagés par toutes les sources possibles et imaginables. On oppose certaines formes d'émissions à d'autres, alors qu'elles doivent *toutes* être réduites dans des proportions considérables.

L'avion rejette la faute sur les voitures. L'agriculture rejette la faute sur l'avion. Les automobilistes rejettent la faute sur le trafic maritime. Il est toujours plus facile de rejeter la faute sur les autres plutôt que de balayer devant sa porte. Et nous agissons comme si les autres devaient en faire plus que nous. Nous trouvons toujours une législation internationale ou un petit détail sur lequel nous préférons nous concentrer plutôt que d'agir. Notre vie future est en jeu et nous nous contentons d'un « Oui, mais et vous, alors ? ». Les émissions ne diminuent absolument pas, car continuer comme d'habitude profite à tout le monde !

L'avenir sur Terre est compromis, c'est évident. Mais qui s'en fait pour ça ?

Nous avons remis notre destin entre les mains du bon vouloir de la population mondiale. Et nous l'avons fait à une époque où même les personnes malades et les enfants handicapés doivent générer de la rentabilité économique.

Comment cela pourrait-il mal se passer ?

SCÈNE 44

Les flatteurs

« Au moins, Donald Trump est sincère. Il mise sur les emplois et l'argent, et il se fout de l'accord de Paris, alors tout le monde pense que c'est un extrémiste. Mais nous faisons exactement la même chose », constate Greta.

Nous regardons la rediffusion du débat entre les chefs de parti sur SVT Play.

Svante sort le chien. Il ne veut pas regarder, ça le met trop en colère.

« Nos émissions sont parmi les plus élevées au monde, continue Greta sans se démonter. Et presque tous les chefs de parti disent que nous ne devons pas nous concentrer sur nos émissions mais plutôt sur l'aide que nous pouvons apporter à nos pays voisins qui sont de toute évidence pires que nous. Quand bien même notre empreinte écologique est nettement supérieure ! Et personne ne dit rien ? »

Elle est installée dans le canapé, l'ordinateur sur les genoux. Le mois de mai commence à peine, mais la chaleur estivale est déjà là.

« Nous sommes à la dix-huitième place mondiale, continue-t-elle. Est-ce qu'on va aider les autres ? Et les États-Unis, et l'Arabie saoudite, alors ? Ce sont eux qui ont besoin d'aide. Les modérateurs ne disent rien, ils ne doivent pas savoir que nous avons exporté nos émissions vers d'autres pays. Personne ne sait, personne ne parle de ces choses-là. Tout le monde critique les mesures prises par Trump, mais nous sommes encore pires que lui, car nous nous mentons en nous disant que nous menons de bonnes actions en faveur de l'environnement. »

Le lendemain, les journaux analysent ce qui a été dit pendant le débat. Mais ils se penchent sur des détails de moindre importance : la vitesse réelle de la fonte des glaces, notamment. Est-ce réellement 200 000 mètres carrés de glace qui fondent *chaque mois*, ou est-ce un peu moins ? Personne ne réagit parce que, dans leurs déclarations, la plupart des chefs de parti diminuent de plus de moitié le volume d'émissions de la Suède. Greta lit l'article à la table du petit déjeuner, et commente :

« Un jour, nous ratons l'objectif écologique. Le lendemain, nous décidons d'agrandir tous les aéroports, de tripler le nombre de passagers et de construire des autoroutes *climato-intelligentes*. On dit que les climatosceptiques sont des imbéciles. Mais tout le monde est climatosceptique. Nous le sommes tous, sans exception.

SCÈNE 45

Les optimistes

Durant l'été 2017, six chercheurs de pointe et décideurs dans le secteur de l'environnement ont écrit dans la revue *Nature* que l'humanité n'a plus que trois ans devant elle pour modifier le sens de la courbe des émissions et la faire piquer vers le bas. *Three years to safeguard the planet.* Si nous n'y parvenons pas, nous risquons fortement d'échouer vis-à-vis de l'impératif des 2 °C posé par l'accord de Paris et d'initier une spirale négative de catastrophes climatiques qui échapperait à tout contrôle.

Si le monde n'est pas prêt en 2025, presque toutes les usines fermeront et il faudra laisser toutes les voitures et tous les avions au garage, où ils pourriront lentement, pendant que nous consommerons ce qui se trouve encore dans nos garde-mangers. Et les auteurs de ce texte ne sont pas les plus alarmistes.

« Ça, ce sont les optimistes », écrivait le *Washington Post*.

Un an s'est écoulé, et on ne voit presque nulle part de signe des changements révolutionnaires dont nous avons tant besoin. « La Suède est un pays pionnier », entendons-nous souvent. Mais la vérité, c'est qu'il n'y a pas encore de pays pionniers. En tout cas, pas dans notre partie du monde. Car le combat climatique tel que nous l'envisageons actuellement ne vise pas à sauver l'environnement. Ce pour quoi nous combattons aujourd'hui, c'est la possibilité de continuer à vivre comme nous le faisons.

SCÈNE 46

Anno domini 2017

2017 a été l'année où neuf millions de personnes sont mortes de pollution environnementale.

Où plus de vingt mille chercheurs et scientifiques ont mis en garde l'humanité en expliquant que nous nous dirigions vers une catastrophe climatique et durable ; le temps nous file entre les doigts.

2017 a été l'année où des chercheurs allemands ont constaté que 75 à 80 % des insectes avaient disparu. Peu de temps après, un rapport informait que la population d'oiseaux en France « s'était effondrée » et que certaines espèces ont vu leur population diminuer de près de 70 %, parce que ces oiseaux n'ont plus d'insectes à manger.

2017 a été l'année où quarante-deux personnes possédaient plus d'argent que la moitié de la population mondiale réunie. Où 82 % de la hausse de la richesse mondiale est allée dans la poche de 1 % des personnes les plus riches.

Où la banquise et les glaciers ont fondu à une vitesse record.

Où soixante-cinq millions de personnes étaient des réfugiés.

Où les ouragans et les pluies torrentielles ont fait des milliers de victimes, ont noyé des villes et ont réduit des nations entières à la ruine.

C'est aussi l'année où la courbe des émissions a continué de grimper, en même temps que la quantité de dioxyde de carbone dans l'atmosphère, à une vitesse qui ne peut être comparée qu'à ce qui se passe lorsque les personnages de *Star Trek* appuient sur le bouton WARP.

SCÈNE 47

Non, s'il vous plaît, plus de textes sur le climat

« La question du climat est brûlante. C'est super important. Mais je veux que tu parles d'autres sujets. »

Une fois par mois, j'écris dans *Mittmedia* et *Dalarnas Tidningar*, et aujourd'hui, c'est la date limite pour le mois de novembre. Ma rédactrice en chef, super futée, vient de recevoir trois mille signes de plus – espaces non comprises – sur le climat, et entre les lignes elle hurle sa frustration :

« Je ne veux plus de textes sur le climat ! »

Nous sommes de son avis. Svante et moi ne voulons plus de textes sur le climat non plus. Je veux écrire sur d'autres thèmes, sur lesquels la revue et moi sommes tombées d'accord. La culture. La campagne vivante. L'humanisme. L'école de musique communale. L'antiracisme, ou, au fond, n'importe quoi.

Je veux être comme les autres chroniqueurs, qui écrivent sur tous les sujets possibles et imaginables, et qui, de temps en temps, vont à contre-courant avec une chronique sur le climat, pour ensuite recommencer à écrire sur les repas dans les hôpitaux, l'appel à la prière à Sundsvall ou je ne sais quel autre phénomène de société actuel dont tout le monde parle à un moment précis.

Je veux penser la même chose que tous les autres quand ils dressent la liste des questions les plus importantes de la campagne électorale, et citent cinq ou dix choses qui font l'objet de trop peu d'attention et dont nous devrions parler davantage. Je veux aussi inscrire les menaces climatiques à la troisième place de ma liste, après l'école et le système de soins, peut-être.

Mais pour l'heure, les choses sont ce qu'elles sont. Et j'ai beau essayer, je n'y parviens pas. Et je suis fascinée par ceux qui arrivent à s'engager sur d'autres questions. C'est un peu comme se trouver au début du XXe siècle et s'enflammer pour des sujets qui ne concernent en rien le droit de vote universel, les conditions de travail de la classe ouvrière, la libération de la femme ou le droit de pouvoir appartenir à un syndicat.

Hormis que c'est beaucoup plus dramatique, bien sûr. Parce qu'il y a cent ans, nous n'avions pas, juste devant nos yeux, un énorme compte à rebours dont dépendait le sort des générations futures.

J'entends souvent Svante dire : « La question est trop vaste, on ne peut pas l'appréhender. »

C'est à la fois vrai et faux.

En fait, c'est assez simple de considérer cette problématique. Si on est prêt à faire des sacrifices, à renoncer à certains privilèges et à reculer de quelques pas.

Pour la question du climat, rien n'est vraiment trop difficile ou trop vaste à appréhender. C'est simplement trop désagréable.

Un peu comme dormir d'un sommeil profond et réparateur, recroquevillé dans un coin chaud d'un grand sac de couchage sous une tente que frappe la pluie. On ne veut pas vraiment se lever et affronter le problème. On veut continuer à dormir. Comme tout le monde.

Ma dernière chronique dans *Dalarnas Tidningar* parle de *Mittmedia*, qui publie sans relâche des articles polémiques que personne ne conteste, écrits par des climatosceptiques. Ma conscience ne me permet pas de travailler pour des magazines qui offrent un espace rédactionnel à des négationnistes du climat ou de l'anéantissement.

Mittmedia n'a pas du tout l'intention de changer, alors je me retire. Et ma dernière chronique ne sera jamais publiée.

SCÈNE 48

Recherche non scientifique

« Nouveau record ! »

Nous sommes samedi matin, et Greta entre dans la cuisine en agitant gaiement une page A4 couverte de chiffres et de colonnes.

« Un peu plus de 1 % parle de l'environnement ou du climat. La plupart sont des entrefilets ou de vieux textes qui traînent bien sûr, mais quand même. »

Tout a commencé quand une connaissance nous a dit que bientôt nous n'aurions plus le courage de lire la presse, car on n'y trouve que des sujets sinistres : « Ce ne sont que des crises, l'une après l'autre. La guerre, Trump, la violence, la criminalité et le climat. »

Greta ne partageait pas cette description de la réalité, mais nombreux étaient ceux qui répétaient la même chose : il y avait beaucoup d'articles sinistres sur le climat.

Notre fille pensait qu'on ne publiait presque jamais rien sur l'environnement et la durabilité. Elle a donc décidé de faire des recherches de son côté.

Elle a commencé en vérifiant régulièrement ce que les quatre plus grands quotidiens écrivaient dans leurs pages d'actualités – et ce qu'ils taisaient.

Combien d'articles parlaient de climat et d'environnement ? Et combien parlaient de choses en opposition directe avec ce thème – comme les voyages en avion, le shopping ou les voitures ? Le résultat était à peu près toujours le même. Le climat et l'environnement oscillaient de 0,3 à 1,4 %, les autres étaient nettement plus élevés.

Quand l'un des plus grands magazines suédois a entamé un effort climatique censé *imprégner toute la rédaction*, Greta a suivi ses comptes rendus pendant cinq semaines d'affilée, et le résultat n'a pas été si impressionnant.

Shopping 22 %, voitures 17 %, voyages en avion 11 %.

Et questions climatiques 0,7 %.

Chaque fois qu'elle a vérifié, les résultats ont été à peu près identiques, quel que soit le magazine concerné.

Greta est le genre de personne qui inspecte toujours ce qu'elle trouve important, et chaque matin nous lisons le flux de tous les magazines sur forstasidorna.se.

« Je le remarquerai quand le climat sera la nouvelle la plus importante de toutes », dit-elle.

Mais ce n'est pas encore le cas.

Et ça fait deux ans que nous inspectons.

SCÈNE 49

Le principe de proximité

Nous marchons avec les chiens, nous nous promenons dans le parc circulaire derrière Fleminggatan. Svante consulte machinalement le téléphone qu'il a dans la main. L'été 2017 est terminé et Moses a désormais de la compagnie. Une sœur que nous avons adoptée il y a six mois.

Roxy est une femelle labrador noir de jais, au moins aussi désobéissante et affectueuse que son grand frère. Sans les enthousiastes de Hundar Utan Hem[1], elle aurait fini ses jours dans une cage en Irlande. Au lieu de cela, elle se promène avec Moses et renifle avec bonheur le moindre brin d'herbe. Ils ne se fatiguent jamais.

L'été a été franchement médiocre en Suède, nous n'avons rien remarqué des vagues de chaleur mortelles qui ont sévi dans le sud de l'Europe. Bien que juillet ait été le deuxième mois le plus chaud jamais enregistré sur Terre. Et nous, nous nous promenions et tout allait bien. Typique.

---

1. « Chiens sans foyer » en français. Association qui recueille des chiens abandonnés et leur trouve un nouveau foyer.

Depuis une semaine, les flux d'actualités sont pleins d'intempéries qui sont tout sauf agréables. « C'est du fake », affirment les climatosceptiques sur Twitter. Mais des photos prises à Houston montrent des portions d'autoroute entières transformées en lacs profonds et c'est bien réel.

Les choses ne sont pas parfaites non plus en Sierra Leone. Nous regardons une vidéo sur le téléphone pendant que les chiens continuent à renifler et à tirer sur la laisse. En Sierra Leone, il y a eu trois fois plus d'eau que d'habitude.

« Notre maison était ici, déplore un homme sur notre écran. C'est ici que nous vivions », poursuit-il en tendant le doigt vers une pente de boue. La caméra fait un panorama de ce qui était il y a quelques semaines encore un quartier entier en périphérie de la capitale, Freetown, mais on ne voit maintenant vraiment aucune trace de constructions. Pas de fondations, de cheminées ou d'épaves de voitures. Juste de la boue. Une boue de glissement de terrain gris-rouge.

L'homme raconte que coucher ses enfants le soir lui manque.

Chanter pour aider son fils à s'endormir.

Il vient de perdre tout ça.

Sa femme, ses enfants, sa maison. Aujourd'hui, il erre dans ce qu'il reste de sa petite partie du monde, et montre les ravages à un reporter britannique. Mais il n'y a rien à montrer. Seulement cette butte de boue et quelques secouristes qui se déplacent lentement en arrière-plan. Sinon, il n'y a rien. Des milliers de personnes vivaient ici. Des familles qui avaient un quotidien.

Une vie.

Des gens qui se réveillaient le matin et déjeunaient, avant d'envoyer leurs enfants à l'école et de partir travailler.

Des gens comme nous.

Le reporter pleure et fait de son mieux pour expliquer ce qu'il va advenir de cet homme, bien qu'il sache probablement déjà que ces informations aussi vont disparaître dans un tout autre type de boue – une boue occidentale qu'on appelle flot de nouvelles et principe de proximité.

Il tente de faire une impression bouleversante, mais cet habitant du bidonville de Regent, sur les pentes du Pain de Sucre, en Sierra Leone, n'a pas l'air d'avoir la moindre intention d'abonder dans le sens du reporter en larmes. Il ne dit rien, n'exprime rien.

Certains s'autorisent tout. D'autres ne s'autorisent rien.

Plus de mille personnes sont mortes là-bas, sur les pentes du Pain de Sucre, en conséquence des intempéries. L'homme de Regent a absolument tout perdu, et il n'exprime même pas de chagrin devant le caméraman.

SCÈNE 50

Les valeurs humaines

« C'est le changement climatique, le responsable », a déclaré le président colombien en avril 2017 quand il a constaté que des centaines de personnes étaient mortes dans les glissements de terrain qui avaient frappé la Colombie et le Pérou voisin, à la suite de précipitations exceptionnelles.

Mais les auditeurs étaient rares. Et quand les séquences vertigineuses montrent des vagues de boue de plusieurs mètres de haut qui traversent les rues de la ville à 50 kilomètres-heure, comme de la lave lors d'une éruption volcanique, nos rédactions occidentales ne relaient l'information qu'avec un intérêt tout relatif. Ces films ont été aussi peu remarqués que les autres milliers d'histoires dans lesquelles des gens connaissent un sort similaire.

Dans le milieu journalistique, on appelle cela *le principe de proximité*. Et il implique par exemple qu'un attentat perpétré en France est, pour nous, une information nettement plus importante qu'une tragédie similaire survenue en Irak, puisque la Suède est supposée avoir davantage en commun avec la France qu'avec l'Irak.

Ça implique aussi que lorsque des phénomènes météorologiques extrêmes ont lieu, il est rare qu'ils mobilisent nos médias s'ils ne surviennent pas en Europe, aux États-Unis, au Canada, ou même en Australie !

Car en vertu du principe de proximité, l'Australie est souvent beaucoup plus proche de la Suède que par exemple la Lituanie, bien que cette dernière soit un pays voisin et membre de la même union politique.

Des pays différents ont tout simplement des valeurs différentes. Les citoyens de pays différents ont des valeurs différentes. Tout du moins des valeurs informatives différentes. Mais on ne peut exclure que cette valeur informative déteigne sur d'autres valeurs. Comme la valeur humaine, par exemple. Mais qu'est-ce que j'en sais ?

Et la météo n'est que la météo, une chose qui arrive toute seule dans le contexte des actualités. Il en a toujours été ainsi. Jusqu'à maintenant, au moment où des scientifiques du monde entier établissent un parallèle net entre nos émissions de gaz à effet de serre et l'augmentation du nombre d'événements climatiques extrêmes auxquels on assiste partout dans le monde.

Aujourd'hui, on lit plein d'articles d'experts qui expliquent que le réchauffement mondial fonctionne à peu près comme des stéroïdes anabolisants en matière de climat. Nos émissions rendent les épisodes déjà intenses beaucoup plus extrêmes – il y a un lien évident, établi.

Ce lien doit commencer à avoir des répercussions sur les informations que nous choisissons de donner, et comment le faire.

SCÈNE 51

Même maladie, symptômes différents

Comme les médias suédois n'ont pas publié la moindre ligne sur le glissement de terrain en Sierra Leone, nous nous mettons volontiers à partager l'événement sur Twitter et Instagram. Mais très vite, le quotidien nous rattrape.

Greta est fâchée. Flle n'a pas eu cours de toutc la journée, car aucun enseignant ne s'est présenté.

Il lui manque toujours des enseignants dans plusieurs matières, et nous devons organiser encore une réunion de crise avec la direction de l'école. Elle est déçue, car son enseignante de SVT, qui lui plaisait, a dû arrêter de donner des cours à la classe de Greta parce qu'elle voulait profiter de ses lundis et vendredis.

« C'est censé être une école pour les enfants ayant des besoins particuliers, mais ça ne l'est pas, soupire Greta. C'est une école pour enseignants ayant des souhaits particuliers. »

Il est temps alors de rentrer à la maison avec les chiens et de commencer à passer des coups de fil, et d'essayer, une fois encore, de réparer les dysfonctionnements du quotidien. Mais le proviseur est manifestement aux Philippines, et personne n'est au courant que l'emploi du temps a été modifié quatre fois en deux semaines, ni pourquoi.

« Laisse tomber, ou tu ne tiendras pas », me répond Svante tandis que je regarde avec angoisse le carrefour de Fleminggatan dans la lumière de l'après-midi. Mais je ne peux pas laisser tomber, car si je le fais personne ne prendra le relais. Je comprends très bien ce qu'il veut dire, mais je n'ai pas l'intention de laisser tomber, c'est impossible.

Le soir, quand tout le monde dort, je m'installe dans le canapé pour pleurer, me vider de toute cette inquiétude que les enfants ne doivent pas voir et que je dois garder pour moi.

Les larmes affluent de mon corps et jusque dans mes mains, comme un raz-de-marée de chagrin et de putain de saloperies de merde.

Toute cette frustration de ne jamais pouvoir lâcher prise. Puis je me rappelle tous les e-mails que je n'ai pas eu le temps d'envoyer aux autres enseignants et pédagogues, que je n'ai pas réussi à joindre, concernant la situation à l'école. J'écris jusqu'à ce que mes mains soient engourdies, le téléphone se bloque, je perds la sensibilité dans mes bras. Je déteste tout, je me déteste, je déteste tout le monde.

Je n'ai plus le courage de continuer à expliquer.

D'appeler au secours.

Je dois préparer de la pâte à gaufres pour le petit déjeuner, de la mélatonine et de l'oxazépam, et appeler le médecin qui est en vacances. Et nous, dans la famille, nous nous disputons pour tout et je dois être fâchée et inquiète, inquiète, inquiète, comme si j'avais deux tonnes de béton sur la poitrine, et je n'en peux plus.

Il fallait que ça sorte. Il faut que ça passe.

Je ne dors pas, je lis des articles sur des gens qui vont beaucoup plus mal que moi.

Je lis des articles sur des gens ravagés sur une planète plus ravagée chaque jour.

Et je me dis que tout ça, ce sont divers symptômes d'une seule et même maladie : une crise planétaire qui s'est déclarée parce que nous nous sommes tourné le dos les uns aux autres. Nous avons tourné le dos à la nature.

Nous nous sommes tourné le dos à nous-mêmes, me dis-je, encore et encore, jusqu'à ce que je m'endorme.

Dans un lit loin de villes noyées sous les intempéries et loin de la boue du Pain de Sucre, en Sierra Leone.

SCÈNE 52

Le rabat-joie

Le 6 mars 2016, je suis rentrée en avion d'un concert à Vienne, et peu de temps après j'ai décidé de ne plus quitter la terre ferme. C'était nécessaire. Dans un débat sur le climat, on ne pouvait pas prendre position pour un camp ou l'autre sans s'entendre demander « Ah oui, et que fais-tu, toi, alors ? »

Car notre mépris de l'hypocrisie est si grand que nous préférons sacrifier la seule forme connue de vie intelligente dans l'univers plutôt que de dire oui à notre bonne volonté incomplète.

C'était une décision obligatoire pour être entendue. Car comment entamer le plus grand rassemblement de forces de l'Histoire si on n'est pas entendu ?

L'avion résume tout le débat sur le climat, les recherches sont on ne peut plus claires, et malgré tout nous ne voulons pas écouter. Mais cesser de prendre l'avion n'implique pas que l'avion en soi.

Il est également question de la mort d'espèces terrestres à une vitesse jusqu'à mille fois supérieure à ce que nous considérons comme normal en matière de rythme de disparition.

Il est question de devoir réduire à néant nos émissions de gaz à effet de serre, puis de les contrebalancer grâce à des inventions que personne n'a encore imaginées. Il est question de gérer les habitudes extrêmes que nous avons choisi de considérer comme acquises. Comme déplacer des centaines de tonnes de tôle autour de la terre en seulement quelques heures.

« Ma préférée, c'est celle-là ! s'exclame Greta avant d'éclater de rire. Si nous arrêtons de prendre l'avion, le train doit s'améliorer. Tout le monde le dit ! Ce que ça suppose en pratique, c'est que la simple idée d'un retard possible est si aberrante que nous préférons sacrifier les conditions de vie de toutes les générations à venir plutôt que nous exposer à ce risque. »

Greta suit Roxy du regard, elle garde le silence un moment, puis reprend :

« Les gens sont habitués à ce que le monde se plie à leurs moindres besoins. Ils sont comme de jeunes enfants gâtés. Et ensuite, ils râlent sur nous, les enfants, parce que nous sommes prétendument feignants et, justement, gâtés. Je sais que nous, les Asperger, nous ne sommes pas en mesure de comprendre l'ironie, c'est ce qu'il y a dans le bouquin que tous les vieux ont écrit sur les gens comme moi – mais je ne crois pas que l'ironie puisse être beaucoup mieux décrite que dans ce cas précis. »

SCÈNE 53

« Comme une météorite consciente »

Sur Facebook, on trouve un nouveau clip tiré des informations danoises où le présentateur demande à l'invité dans le studio si ce n'est pas un peu délirant d'arrêter complètement de prendre l'avion.

« Je crois au contraire que c'est plus délirant de croire que nous pouvons vivre avec 4 °C de réchauffement, répond l'invité en anglais. C'est de penser que nous pouvons continuer à vivre comme nous le faisons, selon des normes qui concernent uniquement la petite élite que nous constituons. Alors arrêter de prendre l'avion, en fin de compte c'est le contraire d'une attitude délirante. »

Environ 3 % de la population mondiale s'arroge le luxe de grimper à bord d'un avion chaque année. Bien que ce soit la pire chose que vous puissiez faire pour le climat, au niveau individuel.

L'invité des informations danoises ne fait pas partie de ces 3 %. Il s'appelle Kevin Anderson, il est conseiller aux questions climatiques pour le gouvernement britannique. Il est professeur à l'université de Manchester, professeur invité à l'université d'Uppsala et directeur adjoint du mondialement connu

Tyndall Centre for Climate Change Research. Et il a cessé de prendre l'avion en 2004.

« Imaginez une tarte, répète-t-il souvent. Pour limiter le réchauffement mondial à 2 °C, nous avons une tarte de dioxyde de carbone limitée, qui contient tout le dioxyde de carbone que nous pouvons émettre. Si nous engloutissons toute cette tarte, il n'en reste plus. Alors, quand il nous reste un dernier petit morceau de tarte, il doit être partagé équitablement entre tous les pays du monde. »

L'idée d'une énorme tarte est d'une simplicité enfantine aussi bien que révolutionnaire – au sens propre. Un budget comprend tôt ou tard une quelconque forme de rationnement.

Et dès ce stade nous trouvons – pour commencer – le début de la fin de l'ordre mondial néolibéral que Margaret Thatcher et Ronald Reagan ont initié il y a près de quarante ans. Ce n'est même pas une théorie, ce sont des mathématiques élémentaires.

Le Dilemme, avec un grand D, c'est que dans cette énorme tarte, on trouve nos jeeps urbaines, nos vacances en voyage et notre consommation de viande, côte à côte avec la construction de routes, d'hôpitaux et d'infrastructures pour des milliards de personnes qui n'ont encore absolument rien fait pour créer les problèmes que nous rencontrons maintenant.

Et chaque fois que nous choisissons de prendre l'avion, de manger de la viande ou d'acheter de nouveaux vêtements, cela implique une baisse du budget restant pour améliorer la qualité de vie des parties du monde les plus défavorisées. Tout cela d'après les différentes leçons d'Anderson, qu'on trouve sur le Net.

Ce sont, sans le moindre doute, des faits effroyablement difficiles à appréhender, mais nous ne pouvons plus tourner la tête et faire comme si ce carrefour existentiel n'existait pas.

Les progrès étourdissants de la société moderne impliquent un nombre incroyable de complications pour la planète sur laquelle nous vivons – des problèmes qui, pris individuellement, auraient déjà été insolubles. Ce qui est réellement inquiétant, c'est que nous faisons absolument tout en même temps, à une vitesse la plus élevée possible. L'homme, dit Kevin Anderson, est comme une météorite douée de conscience.

SCÈNE 54

#Jerestesurterre

Rester sur terre, c'est faire des ronds dans l'eau. Et faire des ronds dans l'eau, c'est ce que les hommes peuvent faire de mieux – en tout cas tous les jours où il n'y a pas des élections générales au Parlement suédois.

Un ami me demande quels trajets aériens sont superflus. Mes vols, je réponds. Aussi superflus que mon shopping ou ma consommation de viande.

Et non, personne ne prétend que ce sera suffisant. Personne ne croit que les choix orientés des consommateurs sont la solution. Mais si ma contribution microscopique peut accélérer d'une façon ou d'une autre une politique du climat radicale, je suis partante.

Chacun a sa vie à vivre.

Tout le monde a plein d'équations aussi personnelles qu'impossibles à résoudre.

Personne ne peut exiger que les hommes se placent d'eux-mêmes dans une crise que personne ne traite comme une crise. Cette responsabilité ne peut jamais nous être imputée à nous en tant qu'individus.

L'avion met en lumière tous les problèmes, mais la société de progrès dans laquelle nous vivons n'accepte pas que le chemin vers l'avant réclame parfois quelques pas en arrière.

Une seule chose compte : avancer.

SCÈNE 55

Chez le psychologue

« Quelle est la capitale de la France ? »
Je ne me rappelle pas.
« Quel est le plus haut sommet de Suède ? »
Je ne sais pas.
« Qui est le président des États-Unis ? »

Nous sommes en 2016, je suis chez la psychologue pour y passer des tests neuropsychologiques. Après des centaines d'heures de lecture, je suis assez sûre de moi ; après des milliers de pages, j'ai une image assez nette, non seulement de mes enfants, mais aussi de moi-même. Mais je veux le voir écrit noir sur blanc.

Je ne pense pas que ça va changer quoi que ce soit, mais je veux quand même savoir.

Au moins pour aider mon entourage. Même si, très honnêtement, à cet instant précis, je m'en fous. Je suis juste effroyablement fatiguée et abattue, et je me dis que peut-être, quelque part, quelqu'un a pensé à quelque chose qui pourra me donner la force de quitter mon lit le matin.

Qui permettra à mes jambes de me porter. Qui me fera voir ce qu'il y a derrière ces putains de ténèbres autour de moi. Alors je remplis tous les papiers. Je réponds à toutes les questions. Pour la millième fois.

La psychologue parle, mais j'entends à peine ce qu'elle dit. Enfin, j'entends, mais je suis incapable de formuler les réponses. Les idées semblent se figer. Je veux demander un verre d'eau, mais je ne me rappelle pas le mot qui désigne l'objet qu'on utilise pour boire.

Verre.

Ça ne devrait pas être difficile du tout, mais c'est comme si ce n'était plus là. Le mot s'est noyé dans le bruit.

Pour moi, tout est musique. Il en a toujours été ainsi, mais j'ai toujours pu faire abstraction du reste. Là, ça ne fonctionne plus. Le diagnostic prend l'ascendant. J'essaie de repousser les idées, mais le bruissement s'infiltre et envahit, partout et tout le temps.

Mon don et ma malédiction.

Ma super force, qui a presque toujours été un atout, mais que je n'arrive plus à contrôler, car en ce moment, je consacre toute mon énergie à essayer de faire en sorte que tout et tout le monde fonctionnent.

« Comment s'appelle le président des États-Unis ? » répète la psychologue tandis que la seule chose que j'entends, c'est qu'elle parle de façon très monotone en sol mineur.

Par la fenêtre entrebâillée, quelques oiseaux gazouillent en fa 9, avec une tierce dans la basse et la neuvième dans la sixième octave. C'est faux. C'est toujours un peu trop haut, et ça me perturbe tellement que je n'entends pas ce que dit la psychologue. Ça me fait mal. Physiquement.

Une moto passe dans la rue, en sol, fa, ré, mi, mi bémol, elle est beaucoup trop bas par rapport à l'accord de fa 9 des oiseaux. Une porte qui grince, un bloc-notes et un raclement de chaise composent un cluster et tout mon corps hurle de douleur.

Je veux vraiment demander un verre d'eau. Je tremble, et je cligne des yeux au ralenti.

J'ai des fourmis dans les doigts, la psychologue marque une pause et quitte la pièce, je dis que je vais rester pour contrôler mon mobile, mais je ne fais que rester sur ma chaise, les yeux fermés.

Je n'ai pas la force de me lever. J'ai sûrement un TDAH, moi aussi, et je montre des signes nets de dépression et de syndrome d'épuisement, dit-elle. Mais l'analyse va prendre un moment. Je me traîne jusqu'à la pharmacie sur le chemin du retour, mais ils n'ont pas les médicaments.

« Nous n'avons pas l'ordonnance », me dit l'employée d'une voix nasale entre les sol, sol dièse, la et si bémol de la troisième octave.

Une fermeture à glissière, une boîte qui se ferme, un enfant qui pleure et un camion dans la rue composent un accord informe en majeure septième, avec une quinte à la basse. Ça me perturbe épouvantablement que le camion ne gronde pas sur la fondamentale.

Le Théralène de Beata est aussi en rupture, et il n'est pas possible d'en commander. Sans cela, on peut tout aussi bien tirer un trait sur toute l'existence. Sans cela, tout s'écroule.

« Il existe une forme buvable, maintenant. Vous avez essayé le nouveau goût ? » demande l'employée.

Non, nous n'avons pas essayé le nouveau goût et nous ne les avons pas essayés sous forme buvable, car il y a plus de chances de voir Beata et Greta apprendre à respirer sous l'eau que de leur faire prendre des médicaments sous forme buvable.

« Il doit rester une boîte à la pharmacie Kronans, à Skärholmen. » Mais je n'ai pas le temps d'aller à Skärholmen, car Greta vient de m'envoyer un SMS pour me dire que le personnel de l'école lui a fait jeter son riz parce qu'il manquait un autocollant avec la date. C'est ce qu'ils doivent faire, mais, puisque le trouble de Greta induit qu'elle ne peut pas manger quand elle voit des journaux, du papier et des autocollants, c'est difficile de marquer de cette façon son alimentation à l'école, et nous l'avons expliqué un nombre incalculable de fois. À présent, Svante est en route pour aller la chercher à Bergshamra, tandis que je dois rentrer à la maison pour refaire du riz au jasmin.

Mais d'abord, il faut trouver les médicaments.

J'appelle mon vieil ami médecin retraité, qui m'a déjà sauvée de très nombreuses fois, mais il n'a pas d'ordinateur et ne peut pas m'aider.

Je fouille dans mon sac à main, à la recherche de sa vieille ordonnance manuscrite, et j'en sors tout un tas de pièces de monnaie, de pass pour les enfants, de reçus bancaires, d'élastiques pour cheveux et deux sacs à crottes de chien roses, mais mes doigts ne veulent rien saisir et le son, quand tout retombe dans mon sac, ressemble à un coup de pistolet.

Le téléphone retentit et, au même moment, je reçois un SMS. Puis deux e-mails. Le son m'entaille l'oreille comme un couteau. J'essaie de sortir mon portable pour faire cesser ce bruit, mais mes doigts refusent toujours d'obéir. Je me sens comme dans ce cauchemar que je fais souvent, où je suis au milieu d'une guerre et où je cherche à prévenir Svante et les enfants, mais je suis incapable d'écrire sur le téléphone ou de trouver leur numéro.

Crampe dans les doigts.

Pas possible de sortir cette saloperie de mobile.

J'essaie d'ouvrir le rabat sur l'écran avec mon menton.

Je n'y arrive pas.

Je sors de la pharmacie et je me dirige vers Willys pour acheter un goûter aux enfants. Tout est question d'air.

De respirer.

Mais l'air n'arrive pas.

Quand les niveaux de stress augmentent, l'apport en oxygène diminue, et même si, d'ordinaire, j'arrive à tenir une note pendant une minute sans avoir besoin de respirer, à cet instant précis, ma capacité pulmonaire ne suffit pas à oxygéner mon cerveau et mes muscles. alors je suis encore plus stressée, j'absorbe encore moins d'oxygène et c'est difficile de penser clairement.

Je suis sur le trottoir, devant la galerie Västermalm, et je suis si fatiguée de tous mes handicaps cachés, de tous mes foutus problèmes invisibles. Si seulement, à la place, je pouvais avoir une petite fracture. Ou une bonne grosse pneumonie, ou autre chose qui m'oblige simplement à aller dans un hôpital douillet pendant quelques semaines, pour dormir.

Respirer.

Me reposer.

SCÈNE 56

Le cercle des poètes disparus

Il fut un temps où nous vivions au jour le jour, utilisant des filets et des cannes à pêche pour nous nourrir. Aujourd'hui, nous ratissons le fond des océans. Nous avons une faim insatiable d'expériences. Nous sommes continuellement à la recherche de nouveaux objectifs pour nous autoréaliser, nous nous arrachons les nouvelles méthodes de développement personnel. On refuse toute limite. Rien n'est impossible.

« Venise, les Maldives et les Seychelles s'enfoncent dans la mer, les glaciers fondent, la forêt équatoriale est dévastée et la sécheresse provoque des incendies en Californie. Veillez à visiter ces ravissants endroits menacés par le climat avant qu'ils ne disparaissent pour de bon. »

Ce texte est trop beau pour être vrai.

Il aurait pu être tiré d'une bande dessinée de Max Gustafson, mais comme on le sait, la réalité dépasse toujours la fiction, et cette citation vient de la première page d'un numéro de « Perfect guide », dans un *Svenska Dagbladet* de 2018.

Le tourisme climatique est un phénomène réel, et il représente une source de revenus importante – bien que limitée dans le temps, pour des raisons naturelles – pour les habitants de nombreux endroits exposés. Comme la barrière de corail au large de Belize et de l'Australie, le Kilimandjaro dans sa parure de neige et, bien sûr, toute la région arctique.

Venez en profiter avant que ça disparaisse !

Dans le film *Le Cercle des poètes disparus*, de 1989, le personnage joué par Robin Williams enseignait à ses étudiants la signification de l'expression *Carpe diem* devant presque toute une génération.

C'était un bon professeur. Et nous étions des étudiants phénoménaux. Le mur de Berlin tombait, les frontières s'ouvraient et le monde rétrécissait à chaque minute qui s'écoulait.

Le prix des billets d'avion baissait, la prospérité gagnait du terrain, et soudain le terme de week-end associé à un voyage ne fut plus un concept réservé aux friqués de Strandvägen, à Stockholm.

Bien sûr, tout le monde n'avait pas les moyens de se fendre d'un petit décalage horaire pour faire crépiter sa carte bleue à Manhattan pendant n'importe quel week-end d'octobre. Mais beaucoup de gens les avaient.

Tout le monde n'avait pas les moyens d'aller se prélasser sur une plage en Asie du Sud-Est au plus fort de l'hiver suédois. Mais beaucoup de gens les avaient.

Beaucoup plus que nous aurions pu l'imaginer lorsque nous quittions à grands pas les salles de cinéma, les mots de Robin William profondément ancrés dans notre moelle épinière.

« Carpe diem », disait le bienheureux Robin. Alors, nous visitions le monde et nous ne faisions rien d'autre.

Mais nous n'avons pas seulement cueilli le jour présent. Nous avons cueilli des semaines entières, des mois, des années. Une véritable chasse aux cocktails au coucher du soleil, une nouvelle cuisine au design danois ou une paire de chaussures qu'on ne trouvait nulle part dans l'extrême Nord.

La réalité dépasse toujours la fiction.

SCÈNE 57

Le jour des gaufres

Il s'est écoulé un peu plus d'un an depuis que la courbe de poids de Greta est repartie à la hausse. Chaque jour, les mêmes repas. Deux crêpes avec du riz pour le déjeuner, qu'elle réchauffe au micro-ondes et mange seule pendant la pause entre les cours. Elle mange une chose à la fois, sans jamais ajouter de sauce ou de garniture. Pas de confiture ou de beurre. Tout ce qu'elle ingurgite doit être propre, et elle est extrêmement sensible aux goûts et aux odeurs. Pour le dîner, elle se contente de nouilles avec du soja, de deux pommes de terre et un avocat.

Greta n'a tout simplement pas le courage d'avaler de nouvelles choses. En revanche, elle adore sentir différents plats. Lorsqu'elle allait vraiment mal, elle pouvait passer des heures dans le garde-manger, à renifler tous les paquets, un par un, et si nous dînons dehors, elle hume méthodiquement le buffet de salades ou de petit déjeuner du restaurant. S'il n'y a pas de buffet, il y a autre chose.

Un jour, à l'épicerie, une vendeuse propose de goûter des gaufres avec de la crème fraîche et de la confiture. Greta s'avance et hume les dix petites gaufres présentées sur la table installée pour l'occasion.

« Tu peux les manger aussi », invite la femme quand Greta a fini de sentir de très près le mélange de crème fraîche et de confiture.

Greta se fige quand la préposée aux gaufres s'adresse à elle. J'interviens :

« Elle est Asperger. Et elle fait du mutisme sélectif. Elle ne parle qu'à sa famille proche et elle a un trouble de l'alimentation, alors elle ne peut pas les manger. Mais elle adore sentir la nourriture », expliqué-je en essayant de paraître aussi aimable et humble que possible. Mais le visage de la femme ne s'adoucit pas le moins du monde.

« Dans ce cas, *vous* pouvez les manger, réplique-t-elle.

— Désolée. Ça ne se reproduira pas.

— Vous pouvez les manger », répète la femme avec une insistance imprévue, et je ne vois pas d'autre possibilité que d'engloutir immédiatement toutes les petites gaufres, avec la confiture et la crème fraîche, pendant que Greta attend à une distance respectable de la vendeuse, de moi et de tous les gens qui passent en contemplant l'événement, étonnés.

Nous ressortons dans Fleminggatan, et je regarde Greta.

Elle tourne la tête.

« Mais quoi ?! s'écrie-t-elle. Il faut bien profiter du parfum ! »

SCÈNE 58

Co-autisme

« C'est important que les parents ne laissent pas une place trop grande au diagnostic, sinon le problème grossit, nous avale et on peut facilement devenir co-autiste. »

D'accord, salut.

Nous avons entendu cette mise en garde dès le tout début, bien avant de soupçonner que le diagnostic était justement ça, un diagnostic.

Beaucoup de mes disputes avec Svante concernent ce sujet. Je veux défier, explorer et me renseigner sur les choses. Svante veut attendre le moment favorable et laisser le temps au temps. Alors c'est souvent comme dans d'autres familles, disent les psychologues avec qui nous avons travaillé.

Nous comprenons cette histoire de co-autisme, et ce n'est pas faux. Mais certains jours, nous choisissons de ne pas comprendre. Certains jours, nous nous foutons de la raison. Sans pour autant que ça rende les choses plus faciles à gérer.

C'est tout simplement que certains jours nous choisissons d'accompagner le diagnostic, car parfois le diagnostic a raison et la norme a tort.

SCÈNE 59

Tic-tac

Rien n'est tout noir ou tout blanc. Le monde est complexe.

Il y a toujours plusieurs vérités, et dans une société libre tous les camps doivent avoir la possibilité d'être entendus de façon égale. L'impartialité à la base des démocraties dans notre partie du monde est géniale par bien des aspects. Sauf quand il s'agit de quelques rares cas qui sont tout noir ou tout blanc.

Comme la vie et la mort.

Ou ces questions où la zone grise peut engendrer de si gros risques qu'elle devrait être exclue de n'importe quel esprit sensé. La crise du climat et de la durabilité est tout sauf simple et triviale.

Mais pour bien des raisons, elle réclame un avis tranché. Car soit nous respectons l'impératif de 2 degrés de l'accord de Paris, et nous évitons d'initier une réaction en chaîne catastrophique qui échapperait totalement à notre contrôle, soit nous ne le faisons pas.

En fait, cette différence est on ne peut plus simple.

Un compte à rebours nous informe du temps qu'il nous reste avant qu'il ne soit trop tard pour atteindre l'impératif de 2 °C. Il se base sur les chiffres officiels des Nations unies, et à l'heure où j'écris, il affiche 18 ans, 157 jours, 13 heures, 22 minutes et 16 secondes.

À l'heure où j'écris, des chercheurs de renom estiment que nous avons environ 5 % de chances de réussir à respecter cet impératif.

SCÈNE 60

« Ladies all across the world,
listen up we're looking for recruits.
If you're with me, let me see your hands,
stand up and salute ! »
Little Mix

Beata ne veut pas aller à la gym, parce qu'à la gym il faut lancer des ballons durs contre les autres, et ces ballons font mal. Elle ne veut pas aller à la gym, parce qu'on doit y pratiquer divers sports qui supposent de battre l'autre ; des sports que les garçons adorent, où tout le monde crie et se bouscule. Elle ne comprend pas pourquoi ils ne peuvent pas danser, plutôt, si c'est bien l'activité et les fonctions motrices qui sont importantes.

Beata danse tout le temps à la maison, mais elle ne peut pas le faire à la gym.

Beata ne veut pas aller non plus aux leçons de travail manuel du bois, car elle a une peur bleue de toutes les machines, et elle ne veut pas jouer aux cartes pendant les récréations, car personne ne comprend ses propres règles, selon lesquelles la dame bat toujours le roi.

« Et pourquoi les garçons vaudraient-ils toujours plus que les filles ? Pourquoi doit-on systématiquement rigoler aux blagues des garçons, et pourquoi est-il surtout question d'être vu ou entendu alors que ce sont toujours eux que l'on voit et qu'on entend le plus ? » s'interroge Beata en se tournant vers moi : « Maman, de quoi est-ce qu'il s'agit, déjà ?

— De la structure patriarcale de la société. »

SCÈNE 61

Moscow pride

Pendant les heures qui précèdent la finale de l'Eurovision en Russie, en 2009, une Gay Pride a été organisée dans les rues de Moscou. C'est une magnifique journée de début d'été, et nous, les artistes, nous suivons tout cela à l'intérieur de l'arène, sur les réseaux sociaux. Au moment où la répétition générale va commencer, la nouvelle se répand que la police russe a interrompu la parade et qu'environ quatre-vingts participants ont été arrêtés et emmenés par la police.

Tout le monde sait. En coulisse, personne ne parle d'autre chose.

« La parade détruit la morale dans la société », a fait savoir le fonctionnaire responsable.

C'était notre public qu'on emmenait de force à l'extérieur de l'arène, et je trouvais tout à fait naturel d'exprimer mon soutien à ces gens-là et mon aversion pour les autorités russes.

« *Shame on you, Russia* », ai-je dit en pensant qu'on ne pouvait pas faire une émission de divertissement tandis qu'une partie du public était en détention pour avoir manifesté pour des droits humains fondamentaux.

Bien sûr que si, c'était possible.

Seules l'Espagne et moi avons exprimé notre solidarité avec nos supporters détenus, tous les autres affichaient une ignorance toute stratégique. Un désintérêt tout stratégique.

« *No politics in Eurovision* », disaient-ils tous. Comme si le droit de pouvoir aimer qui on le souhaite devait être politique.

Le jury a placé l'Espagne dernière et moi avant-avant-dernière. Et ce samedi radieux à Moscou a été une véritable journée de merde au boulot.

Quand tout fut terminé, des conférences de presse et des interviews exclusives avec la presse suédoise m'attendaient à bord du bus des artistes. Le lendemain, j'allais chanter encore une fois *Cendrillon* à l'opéra de Stockholm, et j'avais hâte. Hâte de rentrer et de retrouver les enfants.

« Veillez à ne pas avoir l'air triste, disait tout le monde. Attendez que le bus soit hors de vue des photographes pour pleurer. »

« Et surtout, ne dites pas que vous êtes déçue », ajouta quelqu'un.

Je comprenais tout ça, et j'ai fait exactement ce qu'ils voulaient. Ça n'avait bien sûr plus aucune espèce d'importance que nous nous trouvions dans une dictature qui emprisonnait les homosexuels – l'important, pour l'heure, c'était de ne pas endosser le rôle de perdante.

Il était crucial de ne pas pleurer. De ne pas se montrer faible.

SCÈNE 62

Succès digital

« Non, ne réponds pas. Sinon, tu vas passer toute la soirée à débiter des âneries avec un robot russe programmé pour épuiser les gens comme toi. »

Greta est connectée à l'un de ses comptes Instagram pour la défense des animaux, elle sert ses arguments préférés à ses opposants préférés. Les pro-technique et surtout les véganes qui font des trajets en avion aussi longs que fréquents pour *sauver le monde* avec de nouvelles recettes exotiques. Elle a l'air contente.

« Là, soupire-t-elle avec satisfaction en levant les yeux au ciel. Ça lui apprendra.

— Mais il ne faut pas répondre, sermonne Svante. C'est une perte de temps. Qu'est-ce que tu as écrit ?

— C'était un pilote américain, devenu végane pour la défense des droits des animaux… Comme si les animaux n'avaient pas aussi le droit à une atmosphère digne de ce nom ? répond notre fille. Et il a dit que la crise climatique était due à la surpopulation humaine.

— OK. Tu as répondu comme d'habitude ?

— Mmm… » Greta hoche la tête et sourit de toutes ses dents.

Elle a quelques réponses types en anglais et en suédois, et l'une d'entre elles traite justement de la problématique de la population, un argument qui revient sans cesse :

« Ce sont nos émissions, le problème. Pas les gens. Plus on est riche, plus les émissions sont importantes. Alors si on veut limiter la population pour économiser les ressources, il faut mettre en place une campagne pour que nous nous débarrassions de tous ces milliardaires. On peut l'appeler "Tuez Bill Gates et interdisez à tous les chefs d'entreprise et aux stars du cinéma d'avoir des enfants !" Mais ça ne sera sans doute pas évident de pousser les Nations unies à prendre ce genre de résolution, alors je recommande plutôt qu'on réduise nos émissions. Ou qu'on soutienne l'éducation des filles dans le tiers-monde puisque c'est le plus efficace pour limiter l'augmentation de la population. »

« Qu'est-ce qu'il a répondu ? demandé-je.

— Rien. Enfin, attends… Il m'a bloquée ! » Elle éclate de rire si fort que Roxy saute du canapé et se met à aboyer.

SCÈNE 63

Présomption

Nous faisons face à un changement de société qui n'a pas d'équivalent dans l'histoire.

Mais quitter cette société de croissance éternelle, qui nous a tant apporté en tirant une telle part de la population de la Terre de la pauvreté et de la misère, c'est plus facile à dire qu'à faire. Nous sommes toujours enivrés par la fabuleuse histoire du progrès, qui nous a fait passer de la faim et de la misère aux alunissages, au divertissement 24 heures sur 24, et à une retraite au soleil.

En trois générations, nous sommes passés du statut de victimes à celui d'immortels, et nous nous conduisons par moments de façon arrogante et sans vision à long terme, comme si nous nous retrouvions sur une île déserte, loin de tout lieu de passage, avec des provisions pour un an que nous engloutissions dès la première semaine.

« Faites confiance à la technique, quelqu'un va trouver une solution !, braille tout le monde en chœur, tout en jetant ses ordures dans les sources d'eau douce et en faisant du feu dans le canot de sauvetage pour ne pas avoir froid la nuit. On ne vit qu'une fois. Profitez-en ! »

Des solutions collectives et une vision humaniste émergente nous avaient tirés de la pauvreté. Nous avons entrebâillé la porte à l'égalité, mais elle est aujourd'hui en train de doucement se refermer. Les écarts de richesse se creusent, les ressources s'épuisent et nous sommes échoués sur une île dans le cosmos.

SCÈNE 64

Reprise

« OK, voilà », dit Greta. Le soleil printanier brille, nous sommes tous à Ingarö, et nous constatons que ce que nous voulons dire par le biais de ce livre est pratiquement impossible à formuler.

« Le féminisme est devant une porte, il piétine et veut entrer. La porte est verrouillée, mais il faut entrer pour avancer. Un peu plus loin, il y a les autres mouvements tels que l'humanisme, les antiracistes, le mouvement de défense des droits des animaux, ceux qui se battent pour les réfugiés, contre les troubles psychiques ou les différences économiques, etc. Tous sont devant une porte, ils veulent entrer et avancer. Le mouvement pour le climat possède une clé permettant d'ouvrir toutes les portes, mais personne ne veut accepter son aide. Ils sont sans doute trop fiers, ou ils ne voient pas la solution, juste sous leurs yeux. Ou bien ils ne veulent pas renoncer à tous les privilèges qui vont à l'encontre de la question du climat.

— OK, répond Svante. Répète-moi ça mot pour mot, et je vais l'écrire tel que tu me le dis. »

SCÈNE 65

Greenwashing

D'après une étude récente de l'organisation d'analyses Influence Map, 44 des 50 lobbies les plus influents contrecarrent activement une politique climatique efficace.

En fait, c'est très simple.

Nous sommes complètement tributaires des initiatives des entreprises et de leur volonté de trouver des solutions durables. Mais nous ne pouvons pas rejeter toute la responsabilité sur elles. Ce n'est ni juste ni raisonnable.

Une société anonyme a pour but principal de faire des bénéfices. Pas de sauver le monde.

Et tous les postulats voulant qu'il n'y ait pas d'opposition entre ces deux objectifs sonneront toujours faux, et c'est ici que nous nous heurtons au phénomène de greenwashing : dans l'espace entre les belles paroles et les actes concrets. Les stratégies commerciales. Ou une tactique déguisée en nouvelle technique.

Rien ne donne un meilleur exemple de ce phénomène que la description faite par Naomi Klein du gourou des entrepreneurs, l'histoire rentable du propriétaire de compagnie aérienne et multimilliardaire Richard Branson, dans le rôle de l'ange salvateur.

Il y a un peu plus de deux ans, Branson a reçu une explication sur la crise climatique par Al Gore lui-même. Il a été si ému par ce qu'il a entendu qu'il a aussitôt appelé à une conférence de presse pour dire qu'au cours des dix ans à venir, sa compagnie allait investir 3 milliards de dollars pour mettre au point un combustible durable pour avions.

Puisque son activité avait généré des sommes si importantes grâce à des services qui avaient nécessité d'énormes émissions de dioxyde de carbone, Branson estimait que ce n'était que justice de consacrer une partie de ses profits passés et futurs à trouver une solution aux effets de l'avion sur le climat.

Et ça ne s'arrêtait pas là.

Branson a aussi promis un concours où celui qui découvrirait une solution technique pour absorber autant de dioxyde de carbone que possible dans l'atmosphère gagnerait un peu plus de 200 millions de couronnes.

C'étaient des nouvelles extraordinaires. Surtout pour les gens qui dépendaient de l'avion pour travailler. Comme moi. On avait l'impression que tout allait s'arranger, car ce n'était qu'une société, et on comprenait que si ce n'était pas plus compliqué que ça, toutes les autres allaient se joindre aux efforts. Sans compter tous les gouvernements dans le monde.

C'était rassurant.

Et bien.

Il y avait une solution.

Le problème, c'est juste que Branson n'a jamais trouvé de nouveau combustible assez durable pour satisfaire la condition. Il ne s'en est même jamais approché.

La solution la plus proche était un carburant bio, mais les carburants bio ont un inconvénient : il n'y a pas assez de forêts et de terres cultivables pour fournir les quantités nécessaires. En outre, la forêt équatoriale est déjà ravagée, et tout le monde n'habite pas dans des pays présentant de grandes étendues boisées comme la Suède, la Finlande, le Canada, la Russie, et… non, juste eux. Il n'y a qu'eux.

Par ailleurs, les carburants bio sont chers. Et il y a eu ce conflit moral parce qu'on avait besoin des champs pour autre chose. De la nourriture, par exemple. En particulier pour les 85 ou 90 % de la population mondiale qui n'ont jamais mis le pied dans un avion.

Au lieu de 3 milliards de dollars, ce ne sont en fin de compte que 230 millions qui ont été investis.

Au cours des années qui ont suivi, Branson a lancé trois autres compagnies aériennes et une écurie de formule 1. Aucun gagnant du prix Earth Prize de Branson, d'un montant de 200 millions de couronnes, n'a encore été désigné.

L'avion *vert* est à peu près comme le charbon *propre* de Trump, ou ce qu'on appelle le *Carbon Capture and Storage* (CCS). C'est prometteur, mais ça ne fonctionnera jamais à temps. Sauf pour les entreprises qui ont les yeux bandés, bien sûr.

Ces entreprises qui prétendent que tout va s'arranger, à condition que nous continuions à acheter leurs produits *verts*.

SCÈNE 66

Des excursions à ski en attendant la création de machines à voyager dans le temps

C'est une journée hivernale magnifique, et nous avançons sur la glace dans la baie. Nous avons acheté une paire de skis d'occasion pour Greta, sa petite sœur ne nous accompagne pas, elle est restée à la maison. Beata aime rester seule et transformer tout l'appartement en une salle de concert où elle répète, joue, chante et danse.

C'est là qu'elle se sent le mieux.

Elle prépare des choses pour sa propre chaîne YouTube, qu'elle lancera dès qu'elle sera prête.

« Mais à coup sûr pas avant deux ans. Ça doit être bon, d'abord. »

Alors nous profitons les uns des autres aussi souvent que possible.

Svante fait du ski en premier, puis Greta et moi prenons chacune une laisse, que Moses et Roxy tirent aussi vite qu'ils peuvent. Ça va à une vitesse folle. Nous avons beaucoup de mal à rester sur nos jambes, et nous crions et nous rions dans le vent.

Nous allons du côté de Björnö, nous volons presque en passant au niveau de tous les sentiers, des plages et des falaises enveloppées d'une couche luisante de neige glacée et de glace bombée.

Arrivés au détroit, nous nous installons sur un ponton au soleil et nous mangeons des oranges. Svante épluche, je mange et Greta se contente de sentir. C'est une bonne journée pour la famille Ernman-Thunberg.

Un peu plus loin, nous voyons trois familles sur des quads ; les enfants en ont des modèles adaptés, à essence. Chaque famille à trois quads.

« Regardez, dit Greta. La famille partage un intérêt pour les sports mécaniques. C'est adorable. » J'éclate de rire en envoyant un jet de jus d'orange loin devant moi.

Les enfants n'ont pas plus de six ou sept ans, et nous ne serions pas étonnés que leurs parents soient du genre à passer leurs étés à apprendre à leurs enfants à faire des allers-retours sur leurs petits scooters des mers, pour faire la course avec papa.

Des allers-retours.

« C'est bien qu'ils soient venus ici compenser pour ceux qui ont pris le bus ou qui ont dépensé une petite fortune pour s'acheter un véhicule électrique », dit Greta en riant.

Le mieux, quand on s'est procuré un véhicule électrique, des batteries solaires et un mur à énergie, quand on est devenu familier de la technologie, c'est qu'on se rend assez vite compte que cette dernière ne parviendra pas à tout résoudre. Ce sont surtout de nouvelles habitudes qui permettront une réelle réduction d'émissions. Il faut les deux, bien sûr, mais en attendant les aspirateurs à dioxyde de carbone et les machines à voyager dans le temps, il y a surtout deux choses dont nous avons davantage besoin : une politique radicale et une législation.

Puisque pour chaque véhicule électrique, il y aura toujours un nouveau scooter des mers. Pour chaque personne qui se met à prendre le bus, une nouvelle jeep urbaine à essence. Pour chaque végane, il y aura un nouveau filet de bœuf importé du Brésil. Et pour chaque personne qui cesse de prendre l'avion, il y aura toujours un nouveau week-end à Madrid.

Le pouvoir du consommateur, c'est de propager l'opinion, pas d'apporter une solution définitive.

Il y a deux ans, nous avons eu l'occasion d'installer un chargeur de véhicule électrique dans notre garage, et nous avons remplacé notre voiture à énergie fossile par une voiture électrique. Nous étions 2 sur 60 à passer directement à l'électrique pur. Depuis, beaucoup de nouveaux véhicules ont fait leur apparition dans le garage. Beaucoup dans la même gamme de prix que la nôtre.

Mais aucune autre voiture électrique.

Aucune hybride.

Pareil pour les panneaux solaires sur le toit.

Ça fait deux ans qu'ils sont là.

Et ça fait deux ans que nous incitons notre entourage à suivre la même démarche. Mais personne ne nous suit, et il en va évidemment de même presque partout ailleurs dans le monde.

Les solutions existent, elles fonctionnent très bien. Avec des sources d'énergies renouvelables comme le solaire et l'éolien, nous avons d'ores et déjà la possibilité d'entamer une élimination très rapide de la société des énergies fossiles. Tout avance, mais les investissements sont encore trop lents. Beaucoup trop lents.

Tout le monde a l'air de croire que la technique va nous sauver. Mais les producteurs d'énergie freinent l'évolution et nous, les individus qui avons la chance de pouvoir porter cette évolution, nous n'avons pas l'air de croire à la technique. Ou plus exactement : nous n'avons pas l'air de croire que nous avons besoin d'être sauvés.

La famille Ernman-Thunberg quitte la glace et rentre laborieusement à la maison, face au vent.

SCÈNE 67

Le monologue de Greta

Greta est assise par terre dans la cuisine, avec Moses et Roxy. Elle brosse leur fourrure avec un vieux peigne, calmement, méthodiquement.

« Je me rappelle la première fois que j'ai entendu parler du climat et de l'effet de serre, commence-t-elle. Je me souviens que je me suis dit que ça ne pouvait pas être vrai. Parce que si ça l'était, il ne fallait parler de rien d'autre. Et personne n'en disait rien.

— C'est vous qui allez sauver le monde », je réponds à ma fille.

Elle pouffe de rire, exactement comme mon père, un homme qui a vécu toute sa vie en tant que caricature la plus accomplie d'une personne Asperger. Leur ressemblance est telle qu'elle en devient drôle.

« Tous les profs disent la même chose. *Vous êtes la génération qui va sauver le monde. C'est vous qui allez mettre de l'ordre après nous et tout arranger.* Ils disent tous ça, et ils prennent l'avion pour partir dès qu'il y a des vacances. *C'est vous qui allez sauver le monde.* Ça va, on sait. Mais ce ne serait pas idiot de votre part de vouloir nous aider un petit peu, au moins. »

Elle se lève et suit Moses, qui s'est allongé sur son tapis à quelques mètres.

« Et pour finir, non, maman, ce ne sont pas des gens comme moi qui sauveront le monde, poursuit-elle. Car les gens comme moi, on ne les entend pas. On peut acquérir des connaissances, mais ça ne suffit pas. Tu n'as qu'à regarder les chercheurs. On ne les entend pas. Et même si c'était le cas, ça ne changerait rien, parce que les grandes compagnies embauchent leurs propres "experts", par dizaines, qu'ils envoient aux États-Unis pour des formations médiatiques complètement hors de prix, et quand ils rentrent, ils peuvent aller dire aux infos que c'est vraiment super bien de couper tous les arbres et de tuer tous les animaux. Et quand les chercheurs les contredisent, on ne les entend pas avant que l'entreprise ait d'ores et déjà fait de la pub dans la moitié du pays. La vérité n'est finalement qu'une chose supplémentaire qu'on peut acheter quand on en a les moyens. »

Moses lève la tête quand l'ascenseur se met en marche. Greta suit son regard.

« Vous avez créé une société où les seules choses que l'on apprécie sont la compétence sociale, l'apparence et l'argent. Alors si vous voulez que nous sauvions le monde, vous devez d'abord changer certaines choses. Car en l'état tous ceux qui pensent un peu différemment et qui pensent à ce à quoi les autres ne pensent pas vont être exclus, tôt ou tard. On se moque d'eux, ils restent chez eux. Ou ils doivent aller dans des écoles spécialisées, comme moi, et là, les profs ne viennent pas. »

Elle se tourne vers moi et me regarde droit dans les yeux. Ce qu'elle ne fait pratiquement jamais.

« Tu me rabâches que j'ai fait promettre à une grande maison d'édition d'écrire un manuel de géographie pour le cours supérieur, après que j'ai dit que ce qui était dedans était faux. Et qu'on en a parlé dans *Aktuell Hållbarhet*[1].

Ça fait presque un an que je n'ai pas eu de cours de SVT parce qu'on n'a pas de prof. Si vous voulez garder ce monde, vous devez le changer. Parce que tel qu'il est maintenant, rien ne fonctionne. »

Greta inspire à fond et fourre son nez dans l'épaisse fourrure blanche de Moses. Et hume.

---

1. *Durabilité actuelle*. (NdT)

SCÈNE 68

Ce n'était pas mieux avant

Il y a moins de cent ans, c'était toujours une vérité établie que certains pays avaient le droit moral d'en posséder d'autres – ce droit était aussi évident que le fait que des personnes, selon leur origine, leur couleur de peau, leur religion, leurs orientations sexuelles, leur classe économique ou leur genre, valaient plus que d'autres.

Beaucoup d'injustices ont disparu, il en reste beaucoup. Certaines ont changé de forme, d'autres sont apparues. Mais pour l'essentiel, on peut dire que les choses se sont beaucoup améliorées.

Le problème, c'est que ce qui s'est réellement amélioré l'a été au détriment d'autres choses, et qu'elles ne sont pas faciles à réparer ou à remplacer. Comme la santé. La diversité biologique. Une biosphère équilibrée. La richesse des espèces et les pollutions.

SCÈNE 69

Le *Faust* de Goethe

Ce qui, en revanche, n'est pas allé en s'améliorant, c'est la quantité de dioxyde de carbone dans l'atmosphère.

Le lien entre notre saga historique de la prospérité et les quantités de gaz à effet de serre responsables de la crise climatique mondiale est malheureusement incontestable.

Tu as été pris de la terre, disions-nous. *Et à la terre tu retourneras.*

Tout ce qui a vécu un jour reposera en terre, disions-nous.

Puis quelqu'un a trouvé tout un tas de pétrole, et c'en a été fini de ces vestiges en sous-sol. À la place, nous avons créé une société construite sur l'idée d'extraire des restes fossiles de vies, que nous avons ensuite – le plus vite possible – brûlés dans l'atmosphère hypersensible de la planète.

Et qu'est-ce qu'on en a brûlé !

Selon une étude de l'université d'Utah, il faut 23,5 tonnes de biomasse pour produire 1 litre d'essence. 23,5 tonnes d'anciens arbres et dinosaures, et des dizaines de milliers d'années, donc, pour qu'une autre Volvo puisse parcourir 10 kilomètres supplémentaires.

On peut dire bien des choses du contrat que notre société moderne a signé avec la planète sur laquelle nous vivons.

Mais durable, on ne peut pas dire qu'il le soit.

SCÈNE 70

Healing

La planète souffre d'une maladie grave, et nous avons besoin de mettre immédiatement en place des moyens médicaux de grande ampleur. Nous avons besoin de soins d'urgence.

Mais au lieu de cela, nous avons choisi la médecine douce comme méthode de soins.

Il n'y a aucune connaissance de la maladie. Pas la moindre.

C'est à peu près comme renoncer à une opération urgente et attendre un éventuel remède à venir.

SCÈNE 71

Londres

Une vingtaine d'élèves anglais de quatrième ont monté une chorale spontanée autour du vendeur de karaoké au troisième étage du magasin de jouets Hamleys, sur Regent Street.

Ils chantent Ed Sheeran.

« *I'm in love with the shape of you. I'm in love with your body.* »

Beata est avec Svante dans la capitale britannique pour concrétiser son cadeau de Noël de l'année précédente : voir ses idoles Little Mix à l'O2 Arena de Londres.

Pendant l'année qui s'est écoulée depuis que nous avons acheté ce cadeau, Svante a modifié ses habitudes.

Il a cessé de prendre l'avion.

Comme moi.

Nous avons d'abord pensé que ce serait bien si l'un des parents n'excluait pas la possibilité, en cas d'urgence, de sauter au débotté dans un avion.

Mais depuis, Svante a lu *Storms of My Grandchildren*, de James Hansen, qui a été chef du NASA Goddard Institute for Space Studies de 1981 à 2013. Depuis, il a lu vingt autres livres, et a dit adieu au shopping, aux voyages en avion et à la viande.

Un aller-retour rapide à Londres pour quelques centaines de couronnes s'est donc transformé en une aventure nettement plus longue et beaucoup plus chère. Le cadeau de Noël de Beata avait été frappé par une espèce d'hyperinflation morale. Mais une promesse est une promesse.

Notre fille cadette n'a donc rien contre le fait d'être une pionnière du climat et passe avec joie cinq jours à traverser l'Europe en voiture électrique, avec Little Mix à fond.

Chez Hamleys, Beata achète un renard en peluche pour le Noël de Greta, et ils gagnent ensuite le magasin HMV, juste en face de Selfridges, sous les anges lumineux qui décorent les rues. Svante prend une photo de Beata sur Oxford Circus et l'envoie.

Une heure plus tard, je prends le téléphone. L'écran montre deux messages. Les photos de Beata sur Oxford Street et un flash d'information : « Attentat terroriste sur Oxford Street ».

J'appelle, et ils répondent immédiatement. Ils sont déjà à l'hôtel loin d'Oxford Street, et je peux souffler. S'ensuit une heure de flashs exceptionnels et de reportages en direct sur toutes les chaînes. Pendant quelques minutes, le monde entier s'arrête, chacun tend l'oreille. Tout le monde regarde. Des touristes suédois sont interviewés au téléphone, le chaos est général, personne ne sait rien et tout le monde retient son souffle.

Mais c'est une fausse alerte. La police et l'armée sont sur place, tout le monde a fait ce qu'il fallait, mais il ne s'est rien passé, hormis peut-être une bagarre et quelqu'un qui poursuivait quelqu'un qui poursuivait quelqu'un… À présent, les courses de Noël peuvent reprendre. Le monde peut continuer tranquillement à consommer jusqu'au coma.

Le lendemain matin, Beata reste dans la chambre d'hôtel. Chanter et danser, c'est infiniment plus passionnant qu'explorer le monde au-dehors, aucune ville au monde ne peut rivaliser. Elle est plus que satisfaite de pouvoir prendre soin d'elle, alors Svante passe la journée à se promener parmi les yachts de luxe de St Katharine Docks.

Il y voit des bateaux à moteur appartenant à des particuliers et portant des noms tels que *Sand Dollar*, tous assez gros pour circuler régulièrement entre les continents. Il se promène le long du chantier naval et des ports sur la Tamise, là où tout a commencé. C'est ici que se trouvaient les compagnies marchandes, qu'arrivaient les navires et les marchandises. Ici est né le monde d'aujourd'hui, se dit Svante.

Ces marchandises ont bâti l'empire qui a jeté les bases de la révolution industrielle. Qui a lancé à une vitesse surnaturelle l'effet de serre. Cet effet de serre qui a été découvert par le récipiendaire du prix Nobel dans la famille Thunberg, Svante Arrhenius. L'homme en mémoire de qui il a été baptisé.

Mon Svante se promène et lit sur son téléphone que les estimations de Svante Arrhenius sur les augmentations de température, décrites en 1896 dans le livre *Über den Einfluss des atmosfärischen Kohlensäuregehalts auf die Temperatur der Erdoberfläche*, correspondent assez bien à ce que nous savons aujourd'hui, cent vingt-deux ans plus tard. Très bien, même. Ce qui ne correspond pas si bien, en revanche, c'est l'aspect du temps.

D'après les estimations d'Arrhenius, il aurait fallu jusqu'à deux mille ans pour que le taux de dioxyde de carbone dans l'atmosphère atteigne son niveau actuel. Il ne pouvait évidemment pas savoir que les générations à venir se doperaient aux énergies fossiles, qui auraient peut-être dû rester dans la terre.

Pendant des heures, Svante se promène, au milieu des hordes de touristes venus de tous les coins du monde. Des enfants, des jeunes, des vieux, des pauvres, des riches : des gens de toutes origines se promènent près de Tower Bridge sous le soleil automnal, en faisant des quantités astronomiques de selfies pour les diffuser sur toutes les plateformes médias possibles et imaginables. Un léger parfum d'amandes brûlées et de gasoil des bateaux-mouches se mêle à l'air un peu trop doux de novembre.

Certains touristes sont si vieux qu'ils ne peuvent même plus marcher. D'autres avancent par bonds sur des béquilles. Des parents américains d'enfants en bas âge consolent leurs nouveau-nés.

Une Australienne guide son mari de toute évidence sénile et tend un doigt vers la patinoire près de l'enceinte, où des touristes brésiliens en bonnets de père Noël chancellent sur la glace par 18 °C.

La dolce vita. La douce vie. On ne vit qu'une fois. *Profitez-en !*

Svante est assis au soleil près du pont, sous des arbres qui ont encore toutes leurs feuilles bien qu'on soit presque à l'avent. Il rêve d'un mouvement climatique qui n'existe pas ; qui n'existe pas encore, car il doit être formulé tout au long du voyage.

Il boit un Starbuck Latte avec un supplément expresso, mange des petits pains secs que Greta leur a donnés, et paie des factures électroniques à Vattenfall avec son mobile.

Ce Vattenfall national qui a vendu l'année précédente des mines de charbon à des capitalistes tchèques qui croient en une *renaissance du charbon*. Ce Vattenfall national qui importe toujours des millions de tonnes de houille extraite de mines colombiennes intimement liées aux milieux criminels locaux vers l'Europe du Nord, où elle est brûlée dans des centrales sales.

Ce Vattenfall national que l'on retrouve à la 112e place au classement des 250 entreprises qui rejettent le plus de dioxyde de carbone – des entreprises qui représentent 30 % des émissions mondiales de gaz à effet de serre.

Ce Vattenfall national qui a intenté à l'État allemand un procès aux conséquences financières astronomiques pour avoir choisi de supprimer l'énergie nucléaire après la catastrophe de Fukushima.

Ce Vattenfall national dont le P-DG – sans aucun doute un type aussi compétent que sympathique – vient d'être nommé président du Conseil suédois de la politique climatique.

Svante ôte son manteau sous le soleil. Il fait un temps à aller et venir en T-shirt, et un oiseau gazouille sur un morceau de pelouse en plastique.

SCÈNE 72

Le long chemin de retour

Beata se met à pleurer dès qu'elle voit le nom de Little Mix sur un panneau d'information dans le souterrain.

« Mais on n'est pas des pierres. On ne peut pas rester de marbre », renifle-t-elle.

Et quand Little Mix monte sur scène par quatre trous dans le sol de l'O2 Arena, aussi bien elle que Svante crient. Mais personne ne crie plus fort et personne ne pleure plus que Beata. Aucune machine de mixage au monde ne produit toutes les voix et toutes les paroles comme elle.

Après le concert, ils grimpent dans la voiture électrique et partent en direction du tunnel ferroviaire pour Calais et Kungsholmen. Beata est infatigable. Assise à l'arrière, elle mange des gâteaux et écoute tous les albums à plein volume. Tant qu'il s'agit de Little Mix, il n'y a pas de sensibilité sonore – Il *faut* que ce soit fort.

Quand le soir arrive, elle observe ses *amis* sur les réseaux sociaux. Elle dort seule dans sa propre chambre d'hôtel et le désordre autour d'elle la calme complètement, car elle pose ses propres conditions.

Elle en profite, et à partir du moment où la voiture roule, elle va aussi bien que possible.

Près d'Eindhoven, le téléphone sonne. C'est un éditeur qui se demande si Svante et moi voulons participer à l'écriture d'un livre sur le climat. Ce doit être un livre généreux et plein d'espoir, à un prix très bas, pour toucher un maximum de lecteurs. L'éditeur décrit le rôle qu'il a pensé nous attribuer dans le livre, et l'importance d'une publication sur l'environnement pour le plus grand nombre.

« Il s'adressera à une cible très vaste, et il sera plein d'espoir.

— Mmm… » répond Svante, et les mots de Greta résonnent dans ses oreilles, *un seul voyage en avion peut effacer vingt années de tri sélectif…* « Mais un livre sur l'espoir au regard de la situation actuelle et des faits. Pas un livre d'espoir qui met de côté les faits.

— Que voulez-vous dire ?

— Nous ne pensons pas que l'espoir soit ce dont on a le plus besoin en l'état actuel des choses. Ce serait continuer à négliger les aspects les plus importants de cette crise. Si nous faisons un livre sur le climat, nous devons d'abord faire savoir que nous traversons une crise aiguë, et ce que ça implique. L'espoir est très important, mais ça viendra plus tard. Quand votre maison brûle, la première chose que vous faites, ce n'est sûrement pas vous installer dans la cuisine pour expliquer à votre famille toutes les jolies choses que vous pourrez faire en matière de reconstruction et de rénovation après-coup. Quand l'incendie se déclare et quand la maison prend feu, on appelle le 112, on réveille tout le monde et on file vers la sortie.

— D'accord, bien que je pense que c'est d'espoir que nous avons besoin, répond l'éditeur. Vous saviez que si on gonflait les pneus de toutes les voitures à la bonne pression, on ferait l'économie de plus de 100 000 tonnes de dioxyde de carbone ?

— Oui. Mais nous ne voulons pas nous concentrer sur certaines choses en particulier. Si les gens croient que ce genre d'actions toutes simples peut véritablement faire la différence, alors nous disons que nous pouvons continuer comme avant, sans rien changer. Gonfler ses pneus, c'est très bien, mais c'est une goutte d'eau dans l'océan, et si nous consacrons la petite attention dont la question du climat fait l'objet à ces détails, c'est fichu.

— Mais si les gens pensent que c'est fichu, ils vont abandonner, tout simplement.

— Je n'en crois rien. Pas si on les informe de ce que le mot *fichu* implique vraiment. Parce qu'ils ne le savent pas. Les gens n'ont malheureusement pas conscience de ce qu'est un emballement de l'effet de serre. Ou à quel point nous sommes près d'initier des choses que nous ne pourrons pas arrêter.

— Mais des psychologues disent que ce discours provoque un renfermement. Simple mécanisme de défense.

— Oui, mais d'autres psychologues affirment le contraire aussi, et quel choix avons-nous ? poursuit Svante. Mentir ? Répandre un faux espoir ? C'est comme ça que nous voulons que les gens changent d'attitude ? Malena et moi ne faisons pas ça parce que nous n'aimons pas les gens. Au contraire, nous le faisons parce que nous adorons les gens. Parce que nous croyons en eux.

— OK, mais que dites-vous à vos voisins quand vous discutez avec eux ? demande l'éditeur.

— Je ne discute pas avec mes voisins. Je n'ai même pas la force de discuter avec mes amis ou mes propres parents. »

L'éditeur dit qu'il rappellera.

Ce qu'il ne fait évidemment pas.

Tard dans la soirée, dans la file d'attente d'un McDonald's près de la gare de Hamburg Süd, Svante raconte dans un allemand bancal à un autre client qu'il vient de Londres et rejoint Stockholm en voiture électrique parce qu'il a cessé de prendre l'avion, *für das Klima*[1], et bien que le type comprenne ce qu'il dit, il ne comprend pas ce qu'il dit, et sur le parking, dans le vent et la pluie, Svante pleure à chaudes larmes pour la deuxième fois en quinze ans.

Car là, au milieu de 50 milliards de camions, d'autoroutes et de BMW, il reconnaît que le nombre de voitures électriques que nous nous procurons n'a aucune espèce d'importance.

Pas plus que le nombre de panneaux solaires que nous fixons sur les toits. Pas plus que l'énergie que nous consacrons à nous remonter le moral ou à nous inspirer les uns les autres.

Et ça n'a aucune importance si nous restons sur la terre ferme, en renonçant au privilège de voler, car ce

1. « Pour le climat », en allemand.

qu'il faut, c'est une révolution. La plus grande dans l'histoire de l'humanité. Et elle doit avoir lieu maintenant.

Mais peu importe où il regarde, rien de tel en vue.

Il reste là cinq minutes, jusqu'à ce qu'il admette qu'aucun être humain ne peut vivre avec l'idée de renoncer. Et que pleurer dans une station-service allemande n'arrange rien.

Il n'y a plus qu'à reprendre la route.

Vers le Jutland.

Vers Malmö.

Vers l'aube.

III

LE DRAME ANTIQUE

Je passe devant des affiches de journaux
qui mentionnent des meurtres et des soi-
rées de célébrités,
l'interdiction de la mendicité et des
manœuvres de leaders politiques nouvel-
lement élus.
Et je me dis que nous sommes tous à
bord d'une voiture
qui se dirige droit sur le flanc de la mon-
tagne
pendant que nous nous chamaillons pour
savoir ce que nous devons passer comme
musique sur l'autoradio.

Stefan Sundström

SCÈNE 73

Chaos

J'adore le chaos.

J'adore l'impossible : tout ce que personne n'arrive à faire.

Faire la roue, marcher sur les mains ou faire le cochon pendu dans un harnais au-dessus de la scène. Faire des pompes en chantant une aria déjà difficile à chanter quand on ne bouge pas.

C'est quand il y a une coupure de courant avant un direct à la télé, et que personne n'a le temps de répéter et qu'il faut tout gérer dans l'instant que je suis le plus douée. Quand j'arrive trois heures après avoir été prévenue que je dois chanter un rôle que je n'ai pas interprété depuis huit ans et que la représentation est retransmise en direct dans tous les cinémas de Suède.

Ou quand quelqu'un est tombé malade et que je dois me précipiter dans l'avion pour me produire dans un concert à guichets fermés devant deux mille personnes à Londres, qu'on me donne les partitions à mon atterrissage et que je dois les apprendre par cœur dans le taxi qui me conduit à The Barbican.

J'adore le chaos.

Tant que le chaos m'appartient et que je peux faire ce pour quoi je suis bonne.

C'est à ce moment-là que je peux donner le meilleur de moi-même.

Je suis atteinte d'un TDAH, que j'ai naturellement eu toute ma vie.

J'avais 45 ans quand on m'a diagnostiquée, et si je n'avais jamais fait d'analyses, c'est parce que je n'ai jamais eu de problème permettant de me douter que c'était nécessaire.

Je suis un exemple typique de cette super force dont tout le monde parle à l'envi. Celle qu'on mentionne souvent, mais que, malheureusement, très peu de gens possèdent, puisqu'ils n'ont pas eu la chance de leur côté.

Je peux entendre tous les instruments d'un orchestre symphonique en même temps. Je peux entendre leurs voix devant moi.

J'ai eu de la chance. Il y a eu des gens pour me dire très tôt que j'étais tombée dans le bon milieu : des circonstances qui me convenaient parfaitement, à moi, à mon talent et à mes qualités. Dans lesquelles je pouvais consacrer tout mon temps à ce que j'aimais.

J'étais timide et je bégayais tellement que j'ai dû aller chez l'orthophoniste pendant plusieurs années à l'école primaire.

« Tu vas encore chez l'o-l'o-l'o-l'orthophoniste ! » criaient les garçons, ravis, quand je devais sortir de classe. Je n'arrivais pas à prononcer les phrases qui commençaient par une voyelle, et discuter avec les gens réclamait de tels efforts que je préférais ne rien dire.

Mais quand je chantais, tout devenait très simple, très clair.

C'était mon salut, et j'ai trouvé ma place sur Terre grâce au chant : là, j'étais en sécurité. Il n'y avait aucune limite. Je pouvais passer quatorze ou quinze heures par jour à ne faire que chanter, écouter et noter toutes les voix, toutes les notes, tous les sons.

Rien n'était insurmontable.

Et encore aujourd'hui, j'ai ce sentiment d'appartenance, une espèce de sensation dans la mémoire de mes muscles. Une sensation heureuse qui n'appartient qu'à moi.

Quand je chante, je me sens toujours bien.

SCÈNE 74

La nouvelle devise

Notre méconnaissance de la crise du climat et de la durabilité est devenue l'un des plus grands atouts économiques au monde. En effet, cette méconnaissance est une condition absolue de la poursuite de la croissance économique. La méconnaissance, c'est notre nouvelle devise.

Car dès l'instant où nous admettrons l'ampleur de cette crise aiguë, nous modifierons nos habitudes et nous reculerons de quelques pas. Ce genre de connaissance ne favorise pas une économie partant du principe que nous pourrons indéfiniment remplir nos voitures et nos avions avec des restes d'anciens dinosaures. Elle ne favorise pas non plus l'idée selon laquelle nous devons, aussi vite que possible, produire et acheter en masse.

Le lien entre abondance économique croissante, augmentation des émissions et destruction de la diversité biologique est absolument clair. Mais ce lien ne parvient pas jusqu'à nous. Il est noyé en cours de route.

Car toute notre méconnaissance écologique a subitement pris une valeur astronomique, et nous voyons partout la portée de cette valeur. Dans les médias, aux informations, dans la publicité, dans nos appréciations et nos habitudes. Nous n'arrivons pas à distinguer ce qui a une réelle importance de tout le reste. Et tout continue à l'identique.

Mais le problème ne disparaîtra pas tout seul, et les coûts pour arranger les choses ne feront qu'augmenter.

Nous n'échapperons pas aux pas en arrière que nous devons faire. La question, c'est de savoir si nous voulons les effectuer maintenant, avec méthode… ou attendre encore un peu…

SCÈNE 75

Animaux grégaires

« *Le changement climatique est la plus grande menace contre l'humanité* », dit le secrétaire général des Nations unies, António Guterres, en avril 2018.

Nous avons entamé un *processus de déstabilisation* et nous allons vers ce qu'on appelle un point de non-retour, qui peut se trouver absolument n'importe où.

Une frontière invisible.

Ce débat fondamental devrait être terminé depuis longtemps. Car les scientifiques affirment avec toute la clarté souhaitable que le réchauffement climatique va conduire à des changements catastrophiques pour presque toutes les espèces vivantes. Que la déforestation, l'agriculture industrielle, la pollution marine et la surpêche contribuent à éradiquer la diversité biologique.

Mais nous vivons à une époque où une augmentation du nombre de voitures vendues laisse toujours croire en l'avenir. Une époque où le retard d'un avion crée bien plus l'événement que la mort de milliers de personnes à cause du changement climatique (donc entre autres justement de nos voyages en avion). Nous vivons à une époque où une astuce pour le climat consiste à troquer le thé en sachet contre du thé en vrac.

Je lis que quand on prend l'avion, il faut baisser le rideau en plastique pendant le démarrage et l'atterrissage, pour économiser le carburant nécessaire à la climatisation de l'appareil. Dans la chambre d'hôtel, je peux « sauver le monde » en suspendant ma serviette à sa patère plutôt qu'en l'envoyant au sale chaque jour.

« Nous n'arrivons pas à intégrer tous les rapports négatifs et toutes les très mauvaises nouvelles. Nos mécanismes de défense les repoussent. Nous avons besoin d'une nouvelle histoire positive », disent ceux que l'on entend. Et je me demande ce que c'est que cette *vieille* histoire à laquelle tout le monde semble avoir accès, et qu'on remplace maintenant par une nouvelle.

Car je vois mal qui semble avoir le moindre contrôle sur la crise de durabilité qui fait rage autour de nous.

Qui, parmi les personnes que nous rencontrons, a la moindre connaissance sur les *forcings* et les *feedbacks*, et la façon dont un déplacement des courants marins sous les barrières de glace de l'Antarctique peut accélérer le processus de fonte ? Personne parmi nos connaissances ne sait que la même déforestation que celle qui nous bouleverse en Amazonie a lieu tout près, dans les ceintures forestières du Nord. Aucune des personnes avec qui nous discutons n'a entendu parler de la nouvelle Pangée ou des deux entreprises, près de Zurich et Vancouver, qui sont à la pointe de la nouvelle technologie censée aspirer le dioxyde de carbone dans l'atmosphère. Et nous ne connaissons personne qui ait lu leur concept commercial, sorti une calculatrice et constaté que ça ne fonctionnera jamais assez tôt.

À peine connaissons-nous quelqu'un dont nous pouvons affirmer qu'il en sait un petit peu sur la crise climatique. Mais il n'y a pas lieu d'en avoir honte : nous avons rencontré des chefs de la durabilité et des leaders politiques qui n'en savaient vraiment pas beaucoup plus.

Le fait est qu'il nous manque à tous les connaissances de base nécessaires pour comprendre les conséquences que notre mode de vie engendre.

Je ne savais pour ma part rien de la question climatique il y a trois ou quatre ans. J'étais un peu inquiète, bien sûr. Je me disais que nos habitudes devaient user considérablement les ressources terrestres.

De temps en temps, je lisais un article sur des choses nocives, mais il y avait toujours quelqu'un pour affirmer le contraire et c'était très réconfortant que les informations fournissent constamment une telle aide pour limiter toute inquiétude possible.

Partout, le même message heureux m'accueillait : les solutions existent, il n'y a qu'à continuer comme d'habitude ! J'entendais parler de l'avion. C'était de toute évidence très dangereux puisque les émissions se produisaient à haute altitude. Mais ni l'Administration de l'aviation civile ni Swedavia ne disaient le moindre mot sur ces dangers…

Sur leurs pages, on était accueilli par des photos de tours de contrôle au milieu de champs de tulipes en fleurs et l'on pouvait lire de belles paroles sur la transition verte.

Il en allait de même pour tout le reste. La technique allait arranger chaque difficulté qui se présentait. Comme si le réchauffement climatique mondial était en lui-même *le problème fondamental.* Comme si la crise climatique n'était pas, en réalité, un symptôme de notre surconsommation.

Mais ça ne me posait aucun problème.

Tant que ni les médias ni les politiques ne laissaient penser que quelque chose clochait pour de bon, je supposais que tout était sous contrôle.

Puis vint la crise de Greta, suivie de celle de Beata, et nous eûmes l'impression d'entrer en trébuchant dans une pièce dont nous ignorions l'existence.

L'idée que « nous avons besoin d'une nouvelle histoire » me paraît de plus en plus étrange. Elle suppose que tout le monde a vu *Avant le déluge* et a ensuite consulté, de sa propre initiative, des rapports de recherches et des blogs sur le climat.

Elle suppose que tout le monde va régulièrement à des conférences de Pär Holmgren et lit *The Guardian* dans le détail. Que nous connaissons tous la pleine ampleur de la crise de la durabilité.

« Nous ne supportons pas d'intégrer tous les rapports négatifs. Nous devons penser de façon positive, ou nous nous renfermons », disent ceux qui ont les moyens de se faire entendre. Mais ce n'est pas exact. Car nous ne pouvons pas refouler quelque chose dont nous ne savons rien, et nous ne pouvons pas ignorer des rapports qui ne sont pas rapportés.

Un parent dont l'enfant s'est perdu derrière les barrières de sécurité et chancelle au bord du gouffre n'a pas besoin d'une nouvelle histoire. Il ne va pas refouler ce qu'il voit parce que c'est trop pénible à intégrer. Il va mobiliser des super forces et se concentrer de tout son être pour sauver son enfant.

Nous approchons d'une frontière invisible, et derrière il n'y a pas de retour possible. Ce que nous faisons maintenant ne pourra bientôt plus être annulé. Ceux qui ont compris la gravité de la situation tentent d'avertir les autres.

Mais nous sommes des animaux grégaires, et tant que nos dirigeants ne se comportent pas comme si nous étions en crise, presque personne ne comprendra que nous le sommes vraiment. Nous attendons que tous les meneurs du troupeau nous fassent arrêter. Et nous fassent contourner le danger pour nous mettre en sécurité.

SCÈNE 76

Performance

« Nous ne savons pas très bien quoi faire de toi. Tu es un cas plutôt désespéré », ont dit les enseignants de l'École supérieure d'opéra quand le moment a été venu de faire notre production finale.

Le directeur a dit la même chose.

« Nous ne savons pas très bien à quoi nous en tenir avec toi, ni où est ta place. »

Ils ne le disaient pas d'une façon facétieuse ou positive, mais comme si j'avais fait quelque chose de mal.

Quelque chose les dérangeait chez moi.

Je suivais deux formations en même temps : un diplôme à l'École supérieure de musique et la formation continue de l'École supérieure d'opéra. Dans le même temps, je chantais à plein temps dans les chœurs de la radio sous la direction de Gustaf Sjökvist, et je travaillais à l'Oscarsteatern comme danseuse et remplaçante du rôle féminin principal dans *Cyrano de Bergerac.*

Mes allocations étudiantes étaient épuisées, j'étais contrainte de subvenir à mes besoins, et ça ne me posait aucun problème. J'adorais. Ça convenait bien à ma fébrilité de sauter d'un contexte à un autre, et en plus c'était très formateur.

Je chantais, je dormais, je dansais et j'arrivais à tout faire. Sauf fréquenter les autres membres de ma classe d'opéra et aller à toutes leurs soirées, où je me sentais d'ailleurs perdue. Comme dans toutes les soirées. Mais c'était bien, parce que j'avais enfin trouvé un endroit où ma façon de faire non seulement fonctionnait, mais fonctionnait très bien.

Jusqu'à ce que je participe un jour à un cours de mise en scène à l'École supérieure d'opéra.

« D'accord, a dit Philippa, notre enseignante. Je n'ai rien à voir là-dedans, mais mes étudiants de l'école ont demandé à organiser une réunion pendant ce cours. Une réunion de crise. »

On m'a demandé de m'asseoir devant un demi-cercle de chaises. C'était très inquiétant que je ne fasse pas partie de la communauté, entendis-je alors. Que j'aie manqué tant de soirées de l'école.

J'avais commis le délit de ne pas être l'une des leurs. Ils m'ont expliqué que j'avais une haute estime de moi-même, mais que je n'étais rien du tout. En réalité, j'avais très peu de valeur.

Du fait de vouloir tracer ma propre route, j'ai dû apprendre tout un tas de choses dont je n'avais encore jamais entendu parler. Par exemple qu'il n'était pas possible d'être différente, car quand on l'est on est contrecarrée. Cette information m'a fait beaucoup de peine.

Je suis partie, je me suis enfermée dans mon appartement et là, quatre étages au-dessus de Kungsklippan, j'ai trouvé une façon toute personnelle de faire disparaître l'agitation et l'angoisse. Tout ce que j'avais besoin de faire, c'était avaler de grandes quantités de nourriture et de me planter les doigts dans la gorge. Et j'allais de nouveau très bien. Il n'y avait qu'à vomir, et cette boule dans le ventre disparaissait, pour plusieurs jours d'affilée, parfois.

La boulimie est une maladie mortelle, alors ce n'était pas exactement une solution durable, mais c'était la seule qui me calmait.

Le problème pour moi, c'est qu'on ne peut pas chanter quand on a vomi.

Et c'était une bonne chose, car je ne peux pas vivre sans chanter, et soudain, j'étais forcée de choisir.

J'ai choisi le chant.

Et le chant m'a sauvé la vie.

SCÈNE 77

Svenny Kopp

« La problématique de base avec le TDAH, c'est qu'on fonctionne selon le principe de plaisir. On ne peut faire que les choses qui nous intéressent le plus. Le reste, non. Car c'est notre système de récompense qui est concerné. Et le niveau de dopamine. » Svenny Kopp, université de Göteborg.

Un jour de début mai 2017, je vais à un cours donné par le médecin-chef Svenny Kopp. Elle est chercheuse et docteure en médecine dans les domaines des neurosciences et de la physiologie, elle est considérée comme l'une des pionnières au niveau international dans la psychiatrie de l'enfant et de l'adolescent.

Je suis un cours avec ma copine Gabriella, et plusieurs centaines d'employées de l'école de médecine et de la BUS. Des spécialistes, tout simplement.

Gabriella est comme moi, et ça doit être pour ça que c'est la seule personne que je daigne fréquenter à ce moment-là. Elle a une fille diagnostiquée, et est toujours à deux doigts de craquer.

Elle aurait déjà dû le faire, bien sûr, il y a très longtemps – mais elle est très forte et se bat, exactement comme beaucoup de gens que je connais dans ce genre de situation. Il n'y a que les gens très forts qui craquent, car eux seuls supportent de se mettre la pression au-delà de toutes les limites raisonnables, tant et si bien qu'ils finissent par se briser et se consument dans le burn-out : cette discipline extrêmement contraignante pour laquelle nous, les femmes, nous sommes en tout point supérieures aux hommes.

Ce que Svenny Kopp a remarqué dans ses recherches et son activité clinique, c'est que les filles sont très rarement favorisées quand on utilise les termes généraux d'« enfants et adolescents » :

« Nous devons malheureusement – ou c'est peut-être pour le mieux – distinguer filles et garçons. Adolescentes et adolescents. Car leurs conditions de vie sont différentes. Ça se présente différemment. Et si nous parlons d'enfants et d'adolescents, c'est des garçons qu'il est question », commence Kopp. Elle parle le dialecte de Göteborg et ne ressemble à personne que nous ayons écouté jusqu'ici. Elle nous parle, à Gabriella et à moi. Elle dit les choses comme elles sont.

« On diagnostique trop peu de filles pour le TDAH et l'autisme. Il m'arrive encore de tomber sur des cas tout à fait évidents, où je me demande comment c'est possible. Comment quelqu'un a pu qualifier ça de *problème d'adolescent*, ou pourquoi appelle-t-on ça *trouble de la relation familiale* alors qu'il ne fait absolument aucun doute que c'est une problématique de TDAH ? »

Qu'une chercheuse mette en lumière la fracture structurelle en matière de parité dans la psychiatrie de l'enfant et de l'adolescent est une provocation, bien sûr. Au bout d'un moment, des gens dans l'assistance se lèvent et s'en vont. D'autres gémissent et soupirent, et je pense au passage d'un texte que j'ai lu sur mon téléphone : « Quand vous avez l'habitude d'être privilégié, l'égalité apparaît comme une oppression. »

Pour Gabriella et moi, c'est comme voir notre artiste préférée.

« Je suis presque un peu *starstruck*[1] », me dit Gabriella, et je ne peux que l'approuver. Surtout quand on dit que, de toute évidence, les filles sont défavorisées par rapport aux garçons qu'on entend et qu'on voit, et qu'ils s'emparent très tôt des rares moyens qu'on trouve encore sous forme de soutien pédagogique et de places dans les écoles spécialisées.

Svenny Kopp poursuit :

« Cela signifie que les garçons profitent beaucoup plus tôt d'un soutien. On découvre les filles plus tard, dans l'adolescence. D'un côté, elles ne veulent pas de soutien pendant l'adolescence, elles veulent être comme tous les autres. Et d'un autre côté, elles doivent rivaliser pour les ressources qui existent, ce qui est beaucoup plus dur. C'est aussi à ce stade que les parents ont besoin d'outils. »

Kopp boit une gorgée d'eau sur l'estrade.

« Comment se débrouiller avec une fille qui ne se lève pas le matin ? Peut-on tirer une ado de quatorze ans de son lit et l'emmener ensuite à l'école ?

1. En admiration (en anglais dans le texte).

C'est évident que l'on ne peut pas, hein ? Que faire ? Que faire quand elle ne fait pas du tout ses devoirs ? Comment se dépêtrer de tous ces conflits, de cette tension ? Ces pas feutrés sur la pointe des pieds ? De ne pas pouvoir maintenir l'ordre ? Comment se débrouiller de toutes ces situations quotidiennes ? Ce ne sont pas des choses faciles du tout. »

À la pause, je montre à Gabriella un article que je viens de lire. Il traite d'une étude sur *des enfants* atteints de TDAH ; l'étude a été faite sur soixante-quatre enfants, tous des garçons. Rien que l'idée que des enquêtes scientifiques sur *des enfants* en 2018 puissent se faire sans tenir compte de la parité en dit très long, en fait.

Ce n'est pas facile de se voir attribuer un diagnostic neuropsychiatrique, quoi que vous ayez entendu et quels que soient les articles polémiques que vous ayez pu lire.

C'est difficile. Surtout pour les filles. Car comment une fille va-t-elle pouvoir convenir à des grilles et des critères créés pour des garçons ? Il y a encore quelques années, on pensait même que les filles ne pouvaient même pas être Asperger ou avoir un TDAH.

Presque tout ce qui touche aux diagnostics est toujours fondé sur les garçons. Les bases de l'appréciation, les médicaments et l'information.

Par des garçons, pour des garçons, à destination de garçons.

Tous les diagnostics n'ont pas le même aspect d'un individu à l'autre, et chez les filles ils s'expriment parfois très différemment de chez les garçons. On peut donner l'exemple des garçons atteints d'un TDAH, qui sont souvent provocateurs alors que les filles ont très fréquemment un comportement diamétralement opposé.

La plupart des diagnostics sont posés sur la base de cette attitude, qui peut être considérée comme gênante par d'autres, mais puisque les filles retiennent souvent tout ce qui devrait sortir, elles sont souvent délaissées. Celui qu'on ne voit pas ou qu'on n'entend pas hors de chez lui reçoit rarement de l'aide.

Car combien de parents ont le courage d'aller au fond de tous les problèmes ? Combien de parents choisissent délibérément de passer trois ou quatre ans à se battre avec le BUP pour que leurs enfants se voient, au mieux, marqués d'un sceau que beaucoup de gens considèrent encore comme un handicap ?

Tout cela, beaucoup de parents engagés le savent aujourd'hui, puisque toutes les études et toutes les découvertes sont disponibles sur Internet. Mais rares sont ceux dans la pédopsychiatrie qui choisissent de l'accepter – la recherche avance vite, les critères et la pratique ne suivent pas toujours. Et beaucoup, beaucoup d'enfants se retrouvent dans ce fossé. Surtout des filles. Des filles qui sont souvent prises dans un absentéisme aussi long qu'involontaire, qui peut être synonyme de début d'une exclusion à vie. Des filles qui vont vers la zone à risque des handicaps non diagnostiqués, comme l'Asperger ou le TDAH ; une zone à risque bordée de trouble de l'alimentation, de TOC et de divers comportements auto-agressifs.

Une multitude d'études réalisées dans le monde entier montrent que le TDAH engendre un risque important de tomber dans la toxicomanie et la criminalité. Bien que la corrélation entre TDAH et troubles de l'alimentation soit un domaine de recherche tout nouveau, on voit d'ores et déjà clairement les signes d'un lien étroit.

Quand les filles ont pu enfin être diagnostiquées, elles aussi, une grande partie de la société a soudain hurlé qu'*il y a une inflation des diagnostics* ! Et c'est bien sûr aussi dément que ça en a l'air. Mais toute cette ignorance n'est évidemment pas de la faute des garçons. Leur problématique n'est, bien sûr, en rien diminuée parce que les filles ont été ignorées, et ils ont besoin de tout le soutien qu'ils peuvent trouver. Les garçons – et leurs parents – doivent par ailleurs supporter les effets négatifs des feux de la rampe ; leur « comportement » caractéristique est souvent moqué ouvertement, y compris par le personnel de l'école et les autres parents. Tout le monde trouve la solution à leurs problèmes dans des articles polémiques récurrents et excessivement populaires sur le thème *Retire ta casquette et apprends à avoir honte !*

Bien que la recherche prétende des choses très différentes.

Sur l'estrade, Svenny Kopp aborde la conclusion de son intervention.

« Pendant mes années de recherches, je me suis intéressée à des filles atteintes d'autisme, de TDAH et de Tourette, et à des filles n'ayant aucun symptôme.

Et je peux dire qu'il s'agit de familles qui vivent sur des planètes très différentes. Il n'est presque pas possible d'imaginer à quel point cette différence est grande, ni la pression sous laquelle vivent les familles qui ont des filles, mais aussi des garçons, atteints de l'un de ces problèmes. Le stress est énorme. »

Le silence est complet dans la salle, à l'exception de quelques toussotements prudents et sons de pages de bloc qu'on tourne.

« Les taux de divorce sont plus élevés que dans d'autres familles. Et surtout, ce sont les mères qui connaissent une situation de stress qu'on peut qualifier de… oui, presque intolérable. Aujourd'hui… ce n'est pas… Ce n'est pas une Suède État providence dans laquelle nous vivons, on ne peut pas s'occuper de cette problématique familiale. Ni du stress auquel les mères surtout sont soumises pendant des années, en même temps qu'elles rencontrent souvent l'incompréhension dans les différentes administrations. »

En ressortant de la salle, Gabriella me parle d'enfants de dix ans qui tapent dans les murs, et on dirait une mauvaise blague socio-darwiniste, mais je sais que c'est vrai. Je l'ai vu de mes propres yeux. Elle parle d'une fille Asperger qui ne quitte plus son lit depuis deux ans et qui ne peut plus marcher parce que ses tendons d'Achille se sont figés.

Et je me demande : qui se donnera la peine de faire entendre leur voix ?

Qui peut crier assez fort pour que tout le monde s'arrête et écoute ?

Mais je sais que personne n'y arrivera. Pas seul.

SCÈNE 78

Enfant du Folkhem de luxe

J'ai grandi dans une petite agglomération industrielle, dans les années 1970, et je ne manquais de rien. J'étais une enfant du Folkhem de luxe. Quand je vois les enfants qui grandissent aujourd'hui, trente-cinq ans plus tard – quand je vois mes propres filles –, je me dis que je n'aurais pas pu m'en sortir.

La vitesse, le volume, l'impression, l'impératif de rentabilité et de résultat qui imprègne toute chose. L'école qui abandonne les leçons individuelles au profit d'un enseignement de groupe rentable, qui exclut à son tour tous les enfants qui n'ont justement pas la capacité de fonctionner en groupe.

Tous ceux dont la différence aurait pu être transformée en créativité, en confiance en soi, en art, mais qui risquent maintenant de filer simplement vers une autre incompréhension.

Encore un échec rentable sur le plan économique.

SCÈNE 79

Voisin avec Seinfeld

À Manhattan, dans des bureaux défraîchis au-dessus du petit restaurant qui accéderait à la vie éternelle grâce à la série TV *Seinfeld*, on a établi dans les années 1960 une petite annexe de la NASA. Cette toute nouvelle unité travaillait sur ce qu'on appelait l'effet de serre.

Ça fera trente ans cet été que son chef, James Hansen, s'est exprimé devant le Congrès américain pour présenter les preuves irréfutables de l'existence du réchauffement mondial.

« Il est à 99 % sûr que le réchauffement climatique n'est pas une variation naturelle, mais qu'elle est causée par une accumulation de dioxyde de carbone et d'autres gaz artificiels dans l'atmosphère », a-t-il affirmé le 23 juin 1988.

Mais en dehors du mouvement pour le climat et l'environnement, qui en a déjà entendu parler ? Et combien d'entre nous connaissent le résultat et la portée des travaux que lui et de très nombreux autres chercheurs continuent à mener dans ce domaine ?

Si nous prenions cette question au sérieux, Hansen devrait être célèbre dans le monde entier, et tous les prix Nobel devraient être liés, d'une façon ou d'une autre, à la crise de la durabilité.

Mais il n'en est rien.

Les prévisions de James Hansen se sont réalisées avec une netteté désagréable, mais il vit toujours comme un paria, méprisé et contrecarré par tous les présidents actuels, et c'est un critique éminent de l'accord de Paris, à ses yeux un objectif complètement hors de portée.

« Le véritable bluff, ce sont ces politiques qui prétendent faire quelque chose sur la question », dit cet ancien chef de la NASA, aujourd'hui professeur à la retraite de la Columbia University.

Il n'a pas tort.

Car pendant les trente années qui se sont écoulées depuis qu'il a témoigné, les émissions mondiales de dioxyde de carbone n'ont pas diminué du tout. Au contraire, elles ont augmenté de 68 % et, en dépit de toutes les énergies renouvelables – toutes ces nouvelles installations solaires et éoliennes –, le monde utilise davantage d'énergies fossiles qu'en 1988. Nous allons toujours dans la mauvaise direction.

SCÈNE 80

Super forces

Quand la campagne #MeToo a éclaté partout dans les médias, à la surface de ce que les féministes ont mis une demi-éternité à créer, une ouverture est apparue.

Une fissure dans la façade.

Des voix isolées depuis des décennies ont soudain commencé à être entendues à travers cette nouvelle brèche, et alors qu'on s'y attendait le moins, un petit miracle se produisit.

Ce miracle n'en était pas un.

C'étaient seulement quelques décisions rédactionnelles collectives.

Car quand les médias choisissent de traiter une question comme on l'a fait avec #MeToo en Suède, tout change.

Ils sont nombreux dans le mouvement pour l'environnement à espérer une percée similaire pour le climat.

Sans devoir vivre cent trente ans de tout petits pas, bien sûr.

Nous n'avons pas tout ce temps.

Nous manquons de temps, en fait. D'ici deux ans, un changement révolutionnaire devra déjà être pleinement amorcé.

« Les connaissances sur les changements radicaux qui s'imposent manquent », dit le professeur Johan Rockström.

Nous traversons une crise qui n'a jamais été traitée comme une crise.

Les rapports scientifiques sont nombreux, mais leur transmission est minimale.

D'après l'Institut suédois d'enquêtes et de sondages, les questions environnementales ont été les moins visibles des faits politiques dans les médias en 2016, et en même temps, le rapport annuel d'un autre centre de recherche et de séminaires a de nouveau constaté que « les changements climatiques » sont ce qui nous inquiète le plus.

La gestion par les médias de la question du climat et de la durabilité est un échec total. La question fatidique de l'humanité est réduite au mieux à des articles, des notes ou des sections thématiques isolés que les périodiques papier ou les pages web étouffent sous des reportages de voyage, des conseils de shopping ou des articles auto-moto.

À la radio et à la télé, ce sont surtout les débats qui comptent, quand les mots s'opposent aux mots.

Les affiches de journaux se font attendre. Les émissions spéciales se font attendre. Les réunions de crise se font attendre. L'éducation des masses se fait attendre.

C'est l'économie et non l'écologie qui compte, et la crise ne doit donc pas être traitée comme une crise, mais comme la possibilité d'une nouvelle croissance « verte ». Voici à quoi ressemble le plan censé sauver le monde. Voici la stratégie qui enseigne que les éventuels rapports alarmants censés instruire les gens risquent, au même moment, de les voir se figer dans un autre grand *Oh ! c'était donc vrai, la crise du climat ? Je ne m'en doutais vraiment pas – mais maintenant que je le sais, j'abandonne pour de bon ! Car si l'accord de Paris implique des limitations pour moi personnellement, je préfère un effet Vénus complet avec une montée de 65 mètres du niveau des eaux, une hécatombe, une éradication et une panthalassa mauve bouillonnante d'acidité.*

Voilà où nous en sommes.

Il ne faut ni effrayer, ni culpabiliser, ni dire les choses comme elles sont aux rédactions des médias, car nous mettrons peut-être un terme à ce super-hyper-méga travail sur le climat que nous avons déjà entamé – vous savez, toutes ces histoires qui permettent à la proportion de dioxyde de carbone dans l'atmosphère de continuer à augmenter dix fois plus vite que lors de la plus grande extinction d'espèces qui ait jamais eu lieu. Non, au lieu de cela, nous allons raconter une nouvelle histoire – une histoire positive. Qu'il est possible de *liker* sur Facebook.

Mais vous savez quoi ?

Il y a déjà une nouvelle histoire ! Et elle est si positive que les anges chantent leur enthousiasme et font des sauts périlleux sur la voûte céleste – car nous avons déjà réglé la crise climatique, et nous savons que les solutions vont fonctionner !

Ces solutions sont d'ailleurs si brillantes qu'elles risquent de résoudre tout un tas d'autres problèmes par la même occasion, comme les écarts de richesse qui se creusent, les problèmes psychiques ou encore l'égalité entre les sexes.

En supplément, ces solutions exigent des modifications fondamentales, et quelques compensations, bien sûr.

Comme un impôt très sévère sur le dioxyde de carbone.

L'idée que notre but général devrait être une baisse des émissions.

Que nous devons commencer à planter d'énormes quantités d'arbres, tout en laissant la majeure partie des forêts existantes comme elles sont, pour qu'elles continuent à retenir tout le dioxyde de carbone qu'elles ont déjà capturé. La forêt, c'est notre salut. Mais nous devons commencer à la traiter avec le respect qui lui est dû.

Ces solutions exigent que nous réduisions la vitesse et que nous commencions à vivre à plus petite échelle, collectivement et localement. Cela concerne tout, de la démocratie locale à une production énergétique et alimentaire plus partagée.

Elle exigent que nous coopérions, car les problèmes collectifs nécessitent des solutions collectives.

Et au lieu de dépenser plus de 4 000 milliards de couronnes par an pour subventionner les énergies fossiles, le monde devrait consacrer cet argent à développer les énergies éolienne et solaire. Un chiffre que nous pourrions certainement multiplier par beaucoup.

Nous pouvons, si nous voulons.

Mais pas sans contreparties.

Il faut compter sur la technique qui existe déjà, au lieu d'en attendre une qui ne viendra peut-être que quand il sera déjà trop tard.

Modifier une grande partie de nos habitudes, et que beaucoup d'entre nous reculent de quelques pas, pour l'écologie.

Que les sociétés responsables des problèmes paient pour tout ce qu'elles ont déclenché – des sociétés qui ont gagné des sommes délirantes en détruisant le climat et l'écosystème, bien qu'elles aient été au courant de tous les risques.

Ce n'est pas nous qui avons déclenché tout ça. Ce n'est pas notre faute à tous. En revanche, c'est notre responsabilité collective d'assurer les conditions pour les générations futures. Leur avenir est entre nos mains.

Si vous faites partie de ceux qui pensent que la technique nous sauvera, je vous recommande de grimper tout en haut du tremplin de saut à ski de Falun et de regarder vers l'aire de réception. Car la courbe de nos émissions est exactement aussi abrupte, une courbe que nous devons dès aujourd'hui essayer de ramener à zéro. La courbe graphique qui devrait orner la première page de tous les magazines dans le monde entier.

Notre destin est entre les mains des médias. Personne d'autre n'a la portée nécessaire pour le temps qu'il nous reste.

Et nous ne pouvons pas résoudre cette situation de crise sans la traiter comme telle.

Tous ceux qui ont été un jour témoins d'un accident savent de quoi je parle.

Dans une crise, nous avons des super forces. Nous soulevons des voitures, nous nous battons dans des guerres mondiales et nous escaladons des maisons en flammes. Il suffit que quelqu'un tombe sur le trottoir, et il se crée instantanément une file de gens prêts à tout interrompre pour aider.

C'est la crise elle-même qui est la solution à la crise.

Car dans une crise, nous changeons nos habitudes et notre comportement.

Dans une crise, nous sommes capables d'absolument tout.

La plupart d'entre nous iront beaucoup mieux ne serait-ce qu'en ralentissant et en vivant plus localement, en sachant que nos enfants auront la chance de développer toutes les inventions et les solutions que nous n'avons pas eu le temps d'imaginer.

La plupart d'entre nous iront beaucoup mieux parce que les populations de pays entiers pourront vivre, au lieu d'être perpétuellement en chemin vers la grande ville suivante, le voyage suivant, l'aéroport suivant ou le quoi que ce soit d'autre suivant.

Le monde sera de plus en plus grand à mesure que nous ralentirons.

Et nous irons tous mieux dans une société qui fera de la durabilité sa priorité.

SCÈNE 81

Paroles vides

La campagne électorale a commencé.

On est en juillet 2018 et tous les politiques parlent soudain de la crise climatique. C'est devenu presque inévitable. Car après des mois de sécheresse et de chaleur sans précédent, il arrive exactement ce que les experts nous annonçaient depuis des décennies. Les réserves sont vides, les nappes phréatiques sont à sec.

La Suède brûle, ses forêts, ses tourbières, des villes du Nord Gällivare et Jokkmokk jusqu'aux champs dans le Sud. Et après quelques jours seulement de rapports de crise dans les médias, nous commençons à deviner la portée du fait que près d'un sixième du pays se trouve au nord du cercle polaire, en Arctique, là où l'on prévoit que les changements climatiques seront les plus importants. La crise climatique n'est plus quelque part au loin – avec à peine 1 °C de réchauffement, elle est déjà là, et nous nous trouvons en première ligne.

Mais ce n'est vraiment pas une chose dont nos élus veulent parler – ça ne fait pas un pli. Et presque personne ne dit le moindre mot sur les causes ou sur les conséquences. Les politiques sont là pour remporter des élections. Et on ne les gagne pas en disant les choses comme elles sont – on les gagne en disant ce que les gens veulent entendre.

« Le climat, c'est la question fatidique de notre époque », disent-ils tous soudain, en passant, tout en présentant une analyse aussi profonde que l'horoscope dans un hebdomadaire. Ce sont d'autres pays qui vont tout faire – tout le reste est qualifié de politique d'annonce.

Personne ne dit que plus de la moitié de nos émissions ne sont pas comprises dans les statistiques. C'est bien plus pratique comme ça.

Personne ne dit que l'empreinte écologique de la Suède est l'une des dix plus élevées au monde. Personne ne mentionne qu'un trajet en car entre Sandviken et Gävle, soit 23 kilomètres, génère plus d'émissions qu'un aller-retour en Nouvelle-Zélande en business class, puisque les trajets aériens internationaux ne sont pas pris en compte dans ces calculs. Pas plus que le transport maritime ou les marchandises que nous importons d'autres pays.

Quand nous avons délocalisé une part importante de notre production dans des pays à faible coût de main d'œuvre, nous avons non seulement cessé de payer des salaires décents, mais nous sommes aussi devenus une source importante de nos émissions de dioxyde de carbone. Alors maintenant, nous pouvons dire que le reste du monde devrait agir, car nous avons déjà fait un progrès, nous, en laissant tomber nos usines en Chine, au Vietnam et en Inde.

« Ils ont besoin de nos industries et de notre commerce pour améliorer leur niveau de vie », peut-on évidemment arguer. Mais avec 1,5 °C de réchauffement seulement, il y aurait des choses dont ils auraient davantage besoin. Des logements, par exemple.

« La Suède est trop petite, disent les politiques qui représentent la majorité des électeurs. Il vaut mieux que nous essayions d'influencer les autres. »

Et aucun journaliste ne réfute la rhétorique. Personne ne dit qu'avec la même logique nous pourrions tous éviter de payer des impôts, puisque *ma petite contribution est si ridiculement petite dans l'ensemble qu'il vaut mieux que je m'en fiche et que je privilégie ce qui m'avantage réellement, moi et ma famille. Le reste, ce ne sont que des manifestations de bonté.*

Aucun journaliste ne dit que quand de petits pays comme le Costa Rica décident d'interdire les objets à usage unique en plastique, on se met à fabriquer des objets qui se partagent des centaines de milliers de fois. Le monde a une faim terrible d'exemples positifs. Une faim de ce que l'homme perçoit comme de l'espoir. De l'espoir – comme dans les interdictions et les limitations dans l'intérêt de tous. Personne ne dit que le petit Costa Rica est à l'origine d'une tendance et que d'autres pays ont déjà choisi de lui emboîter le pas. Comme l'Inde.

Il y a bien sûr des hommes politiques suédois avisés qui veulent attaquer ce problème, mais on ne les écoute pas. L'opinion est trop faible. Le débat n'a jamais démarré pour de bon, et les différences de niveaux de compréhension sont trop importantes. Certains sont très avancés tandis que la plupart n'ont même pas franchi une seule étape.

Nous lisons le livre du trio Rosling *Factfulness*[1], mais même là, la crise du climat et de la durabilité n'est pas présentée comme particulièrement aiguë.

« Mais ceux qui se préoccupent du changement climatique devraient cesser d'effrayer les gens avec des scénarios invraisemblables. La plupart ont déjà connaissance du problème, ils l'admettent. Continuer de le critiquer, c'est comme enfoncer une porte ouverte. Il est temps d'avancer, de laisser derrière tous ces bavardages. Consacrons plutôt cette énergie à résoudre le problème, en passant à l'action – une action mue non pas par la peur et la précipitation, mais par les faits et l'analyse froide. »

Voilà ce qu'écrivent trois des plus grands – et des plus admirés, à juste titre – éducateurs populaires de notre temps. Mais cette réflexion n'est pas du tout propre à Gapminder et le trio Rosling.

Elle aurait pu venir de n'importe quelle rédaction, de politiques, de décideurs ou de représentants de la vie économique. Ça, c'est mainstream. C'est le tableau qui compte pour le moment.

Mais est-il exact ?

L'information diffusée par les organisations pour l'environnement et les experts du climat est-elle invraisemblable ? Des dizaines de milliers de chercheurs cherchent-ils à se faire peur ?

Et surtout : avons-nous le temps de continuer, sans précipitation, avec encore plus d'analyse froide ?

---

1. Hans Rosling, Ola Rosling et Anna Rosling Ronnlund, *Factfulness ; saine habitude de fonder son opinion sur les faits*, traduit par Pierre Vesperini, Paris, Flammarion (Essais), 2019.

Ou les changements vont-ils maintenant si vite que nous n'avons même pas le temps d'intégrer ces informations ? C'est toujours le tout petit détail sur la proportion de dioxyde de carbone dans l'atmosphère qui convient à chacun d'entre nous.

On ne dit presque nulle part dans notre culture que la question climatique est l'indication d'un problème dans le système. C'est un *problème*, et on résout les problèmes à coups de nouvelles inventions. De nouveaux gadgets. Et quand la science dit autre chose, on commande de nouveaux rapports et de nouvelles recherches qui correspondent peut-être mieux à ce que nous voulons entendre, et nous continuons. Encore et encore.

C'est une évolution mortelle, mais pour moi, c'est une chose qui démange plus que tout le reste et c'est l'avis sans cesse répété que « la plupart des gens connaissent déjà le problème ou l'admettent ». Tout le monde a l'air de penser que c'est le cas.

« Quand nous verrons nos enfants à travers les yeux de l'automne de l'âge, nous pourrons dire que nous nous sommes débarrassés de la menace quand nous l'avons vue. Ou nous pourrons aussi dire que nous n'avons rien fait, bien que nous ayons été au courant », a déclaré la vice-Première ministre suédoise quand elle a clôturé la Semaine d'Alvedalen en 2018.

Personne n'a l'air de contester que ce soit vrai, bien qu'au fond ça implique une vision de l'homme qui, à tous, nous est complètement étrangère.

Car si nous savions – si nous connaissions les conséquences de ce que nous faisons, et que nous avons continué à le faire… Qu'est-ce que ça dit de nous ?

SCÈNE 82

Différence

Je suis franchement désespérante, en fait, je n'arrive à effectuer presque aucune tâche pratique.

Je n'ai pas le permis de conduire.

Quand j'avais vingt ans, je réchauffais le pain au four sans enlever l'emballage plastique, et je n'ai jamais réussi à m'identifier sur le site d'une banque en ligne pour payer mes factures.

Je dois dresser de longues listes de tout ce que je dois faire, sinon ça ne marche pas. Je n'arrive pas à laisser tomber certaines choses. Je m'empêtre. Si je n'étais pas devenue chanteuse, très honnêtement, je ne serais rien devenue du tout. Il y aurait eu de fortes chances que je m'enlise dans l'un de ces trous sans fond que le TDAH non diagnostiqué implique parfois.

De nos jours, il faut être ouvert. Il faut avoir quelques connaissances dans plein de domaines. En principe, vous pouvez posséder des connaissances du niveau doctorat et ne même pas avoir les notes suffisantes pour entamer des études supérieures, si vous ne vous exprimez pas correctement.

Qu'advient-il de ceux qui sont seulement un peu timides ? Qu'advient-il de ceux que parler devant les autres rend physiquement malades ? Qu'advient-il de la grande partie de la population à qui il manque cette compétence sociale que nous plaçons aujourd'hui plus haut que toute autre chose ?

La question est de savoir si la moindre personne qui se démarque trop de la majorité survivrait à l'école suédoise telle qu'elle est actuellement. Parmi ceux qui devront un jour œuvrer dans les domaines qui exigent de la sensibilité, de l'écoute et de l'empathie, peu y arriveront. Voilà pourquoi nous devons changer.

Il y a trop en jeu.

La différence est à la base de tous les arts. Et sans l'art, tout va s'effondrer lentement, très lentement, jusqu'à l'anéantissement.

SCÈNE 83

Dans les coulisses

Greta, Svante et moi rencontrons Kevin Anderson, ainsi que son collègue chercheur Isak Stoddar, à l'Institut des sciences de la terre, le CEMUS, à l'université d'Uppsala.

Nous avons déjà été en contact avec Kevin et Isak. Il y a un an, nous avons écrit un article polémique très remarqué dans *DN*, avec entre autres Björn Ferry, Heidi Andersson, Staffan Lindberg et le météorologue Martin Hedberg, dans lequel nous expliquions pourquoi nous avions choisi de ne plus prendre l'avion et de rester sur la terre ferme. Cet article a été, dans une assez grande mesure, à la base du débat sur l'avion qui est apparu dans les médias quelques mois plus tard.

Il n'a pas plu depuis plusieurs semaines, et les pelouses d'Uppsala sont déjà brunes et cramées par le soleil de ce début d'été.

Kevin Anderson parle de la chaleur dans l'appartement qu'on lui a prêté, et il dit qu'il dort la fenêtre grande ouverte, « comme en Grèce ».

Nous remplissons nos tasses de café moulu fin et de lait d'avoine, et nous nous asseyons dans une petite salle de conférence meublée de canapés et de bibliothèques. Kevin boit du thé.

« Tout d'abord, dit Svante en appuyant sur le bouton d'enregistrement de son téléphone, quand on parle de l'ampleur des réductions des émissions de dioxyde de carbone que des pays comme la Suède devraient effectuer, les chiffres varient. Vous et d'autres chercheurs dites 10-15 % par an, mais les politiques et l'Office de protection de la nature parlent de 5-8 %. Comment l'expliquer ?

— Il y a plusieurs raisons. Le chiffre de 5-8 % n'inclut par exemple pas l'avion, le transport maritime et les produits fabriqués dans d'autres pays », commence Kevin Anderson. Il parle vite et clairement, avec un enthousiasme convaincant dont peu de ceux que nous avons rencontrés faisaient preuve.

« Ensuite, les calculs des pays industrialisés, comme la Suède, ne prennent jamais rien en compte de l'aspect équitable pour des pays dans des régions plus pauvres du monde, comme nous avons la responsabilité de le faire. C'est évident dans l'accord de Paris, le protocole de Kyoto, et j'en passe. Nous nous sommes engagés à réduire nos émissions dans une perspective que nous ignorons purement et simplement.

Mais plus important encore : nos modèles de réduction d'émissions dépendent à 100 % d'énormes quantités de technologies négatives d'émissions. C'est-à-dire des inventions qui n'existent pas et dont tous les chercheurs disent qu'elles ne fonctionneront pas, contrairement à ce que laissent entendre les estimations qui servent pour tous les modèles climatiques. Ça a l'air très bizarre, bien sûr, mais le fait est qu'il y a deux ans seulement, peu de chercheurs sur le climat en avaient conscience. Je connais de nombreux collègues qui ont été très choqués d'apprendre que cette technique, qui n'a pas encore été découverte, n'est pas seulement incluse dans quelques rares prospectives, mais dans chacune d'entre elles. »

Kevin marque une pause hyper rapide et répète la réaction de ses collègues chercheurs. Je garde le silence, je laisse Svante gérer la prise de notes et les questions. Comme toujours quand nous discutons avec des spécialistes du climat, je préfère écouter plutôt que parler. D'abord parce que j'apprends davantage ainsi, mais surtout parce que j'ai peur de me ridiculiser en disant une bêtise.

« Isak et moi avons calculé que des pays riches comme la Suède doivent commencer à réduire leurs émissions d'au moins 10-15 % par an, en s'y mettant aujourd'hui, car, en 2025, nous devrons les avoir réduites de 75 %. Si nous voulons avoir une chance de respecter l'impératif des 2 °C. Puis nous devrons être à 0 % d'émissions entre 2035 et 2040. Ce qui implique notamment que l'avion, le transport maritime et tous les autres types de transport devront descendre à zéro. »

Dans la pièce, tous les regards se croisent un court instant. Nous sommes très loin de ce qu'on a l'habitude de lire et d'entendre sur le prétendu changement vert dont parlent si volontiers le secteur économique et certains politiques.

« D'après nos estimations, nous avons entre six et douze ans devant nous, avec les émissions actuelles. Et nous n'avons même pas pris en compte les produits manufacturés dans d'autres pays. En les comptabilisant, nous avons encore moins de temps, poursuit Kevin. Je termine parfois mes interventions en citant le futuriste et auteur américain de la durabilité Alex Steffen, quand il dit : *gagner lentement, ça revient à perdre*. Il a tout à fait raison, car nous n'avons tout simplement plus assez de temps devant nous, le changement doit commencer maintenant. »

La Suède a récemment adopté une loi climatique dont de nombreux décideurs sont très contents et fiers. Et même si l'idée d'une législation de ce genre est positive, ni Isak ni Kevin ne sont particulièrement impressionnés.

« La loi climatique suédoise doit être mise en application dès maintenant si elle veut avoir un quelconque effet, reprend Kevin. Elle doit en tout premier lieu comprendre un budget dioxyde de carbone et une perspective équitable dans la ligne de l'accord de Paris, par rapport à des pays qui n'ont pas encore les infrastructures et la qualité de vie que nous avons déjà. Nous devons adopter ce point de vue dans nos estimations et nos lois climatiques. Puis nous devons évidemment inclure aussi le transport maritime et les vols internationaux, pour que soit aussi pris en compte ce que nous faisons réellement. »

L'hiver dernier, quand Kevin Anderson donnait des cours à l'Académie royale des sciences devant, entre autres, la princesse Victoria, il commençait en délivrant un avertissement sanitaire au public, puisque son champ de recherche n'est pas très accessible à la plupart des gens. Il y a quelques années, nous aurions sans doute eu besoin de quelque chose de similaire dans cette conversation avec Kevin et Isak, mais à présent tout cela est devenu une partie de notre nouveau quotidien.

« Cela fait près de trente ans que nous savons tout ce que nous avons besoin de savoir sur les changements climatiques, mais pendant tout ce temps nous avons choisi de ne rien faire pour ces problèmes. Même des pays progressistes comme la Suède n'ont rien fait : si on compte l'avion, le transport maritime et les produits fabriqués à l'étranger, les émissions de la Suède sont au même niveau qu'en 1992, quand le premier sommet des Nations unies sur le climat a eu lieu à Rio. Au lieu de cela, nous avons laissé des économistes diriger nos choix. Nous persuadons tout le monde que nous faisons ce qu'il faut, mais en réalité aucun pays industrialisé au monde ne fait quoi que ce soit pour rappeler ce qui est nécessaire. Il y a un mot suédois extraordinaire pour qualifier ce procédé : *swindlee*.

— *Svindleri*[1], rectifie Isak.

— C'est ça ! *Svindleri !* rit Kevin avant de poursuivre. Si nous avions agi à ce moment-là, comme nous avions dit que nous allions le faire, la question climatique ne serait pas devenue un si gros problème. Nous aurions pu tout régler grâce à la technique et à des lignes économiques différentes. Mais puisque nous avons passé trente années à papoter, à mentir et à tout faire traîner, il faut un changement de système, car le modèle économique actuel ne sera pas capable

1. « Arnaque », en Suédois.

de résoudre la crise climatique. Et encore moins la crise de durabilité. Il faut le changer », dit Kevin en changeant de position dans le canapé, qui, il est vrai, a l'air de venir d'un marché aux puces, tout comme le reste des meubles, aussi usés que dépareillés.

« Mais il y a beaucoup d'espoir à l'heure actuelle. De nombreux signaux indiquent qu'un changement de système est possible, et même si le résultat d'une grande partie de ce changement n'est pas toujours bon, il y a des signes. La crise bancaire, le printemps arabe, Corbyn, Trump, Bernie Sanders, le prix des énergies renouvelables, le débat autour des effets du diesel et de l'essence sur notre santé.

— Et le mouvement #MeToo, complété-je.

— Exactement, approuve Kevin. Nous sommes probablement à la veille de changements très importants dans notre société. Il y a beaucoup d'espoir. »

Je me penche vers Greta et je lui demande si elle accepte que j'explique ce qu'elle a l'intention de faire. Elle hoche la tête.

« Greta envisage une grève scolaire devant le Parlement quand les cours reprendront, en août. Elle veut aller s'installer devant chaque jour, jusqu'aux élections législatives. »

Les visages de Kevin et Isak s'éclairent, et ils s'interrompent, comme s'ils venaient d'entendre une chose qui leur plaît et qu'ils n'ont encore jamais entendue.

« Dans ce cas, combien de temps vas-tu passer là-bas ? demande Kevin.

— Trois semaines, répond Greta d'une voix à peine audible.

— Trois semaines, hein ? » complète Isak.

Greta acquiesce d'une grimace.

« Ça devrait faire tendre l'oreille à pas mal de politiques, il me semble, approuve Kevin.

— Elle a eu cette idée en participant à une conférence téléphonique pour créer une version suédoise de "Zero Hour". C'est un nouveau mouvement aux États-Unis qui pousse les enfants à mettre les politiques devant leurs responsabilités, parce qu'ils ne font rien, intervient Svante. Mais Greta pense que ça ne suffit plus de protester. Elle pense qu'il faut recourir à une forme de désobéissance civile. Vaguement illégale. C'est ça, Greta ? »

Svante répond comme à l'accoutumée à la place de Greta, parce que son mutisme est un obstacle. Elle hoche la tête.

« Mais dans ce cas, elle doit tout faire toute seule. Nous ne pouvons pas être derrière elle pour l'aider, poursuit Svante.

— Mais Greta connaît déjà la question mieux que Svante et moi, ajouté-je. C'est uniquement grâce à nos filles que nous avons ouvert les yeux sur la crise climatique. Sans elles, nous ne nous serions jamais engagés.

— Bon travail, Greta », félicitent Kevin et Isak en même temps. Le regard de Greta brille et je crois que quelque chose naît à ce moment précis, dans la sensation d'être vue et entendue dans un contexte qui a une signification concrète.

Le silence se fait. Les réflexions prennent le pas dans la pièce, des réflexions sur cette petite fille presque invisible sur une chaise près de la fenêtre, qui prévoit d'aller se placer tout à l'avant sous la lumière des projecteurs, toute seule, avec ses mots et ses idées, et de mettre en cause les fondations de l'ordre mondial actuel…

Trouver un chemin susceptible de nous faire sortir de la crise de la durabilité, c'est faire l'impossible, et j'adore tous ceux qui sont assez fous pour essayer. En revanche, en ce qui concerne mon propre enfant, je ne suis pas du tout aussi positive, et si ça n'avait tenu qu'à moi j'aurais sans doute refusé. Mais il reste encore un bon moment avant août. Et il y a pas mal de chemin entre l'idée et sa concrétisation quand on n'est encore qu'en troisième.

Il y a quelques années, Kevin Anderson a fait parler de lui en refusant de participer à une conférence sur le climat à Londres, parce que tous les participants étaient contraints de payer une taxe compensatoire pour le climat. Kevin Anderson estime que la compensation pour le climat fait à coup sûr plus de mal que de bien, puisqu'elle laisse clairement penser qu'il existe une façon simple de récupérer le dioxyde de carbone que nous émettons, donc d'annuler les émissions.

« Alors, si l'idée d'une compensation pour le climat est fausse, demande Svante, n'y a-t-il aucun moyen de compenser ce que nous faisons, hormis renoncer à le faire ?

— Non. Si vous prenez l'avion, vous envoyez en premier lieu un message économique clair aux compagnies aériennes qui disent qu'elles vont continuer à faire ce qu'elles font, acheter plus d'avions et construire des aéroports. Ce qui, bien sûr, est ce qui se produit à l'heure actuelle dans le monde entier. Les compagnies aériennes commandent de plus en plus d'avions neufs, et les aéroports grossissent. En prenant l'avion, vous ne mettez pas la pression sur les politiques pour qu'ils privilégient plutôt le train, ce qu'ils devraient faire. Et en second lieu, vous émettez une grande quantité de dioxyde de carbone dans l'atmosphère, ce qui va avoir une influence sur le climat pour des milliers d'années. Il ne disparaîtra pas parce que vous achèterez des panneaux solaires pour les villes pauvres en Inde. Cela ne veut pas dire que nous ne devons pas acheter des panneaux solaires pour les villes pauvres en Inde, ou planter des arbres là où il est écologiquement bénéfique de planter des arbres – ce qui n'est pas n'importe où puisque les sols, la plantation de forêts et les émissions sont des sujets très compliqués dont nous savons encore trop peu de chose. Mais on n'a pas besoin de prendre l'avion ou de manger des hamburgers pour y arriver. Compenser pour le climat, c'est comme payer des pauvres pour qu'ils suivent un régime amaigrissant à notre place. »

SCÈNE 84

Quand le micro est coupé

Après quelques heures à l'université, nous allons déjeuner dans un jardin proche de la serre Tropiska. Roxy obtient enfin un grand bol d'eau qu'elle engloutit dans la chaleur avant de se glisser sous la table et de s'y installer. Nous commandons un déjeuner végane, tandis que Greta garde son bocal de pâte de haricot pour le trajet retour.

« Moi aussi, je mange souvent la même chose, confie Kevin à Greta. Je me nourris essentiellement de brocolis et de pain. Tout le monde pense que je plaisante quand je dis ça, mais c'est simple et pratique. En plus, j'aime vraiment beaucoup les brocolis et le pain. »

En guise de réponse, Greta fait un petit signe de tête subtil, et je pense malgré tout qu'il le dit en partie pour plaisanter, plus comme un signe de complicité que d'excentricité.

Nous parlons de nos étés à Lewes, quand Greta était petite, et je raconte bien sûr mes souvenirs d'enfance au monastère de Whitby. Nous entrons dans le rôle de Suédois anglophones, et nous devenons comme d'habitude des personnes un peu différentes de ce que nous sommes en suédois.

« Vous devez venir à Dalhalla », conseillons-nous à Kevin, et il se demande à quelle distance c'est d'Uppsala. « 200 ou 250 kilomètres ?

— Tu peux y aller à vélo », glisse Isak, ce qui nous fait comprendre que Kevin est un très bon cycliste.

Kevin est comme n'importe quel Anglais, sociable et sympathique. Drôle, ouvert et plein d'enthousiasme.

Nous parlons des amitiés mises à l'épreuve quand on laisse la crise climatique influencer et modifier sa vie, mais Kevin répond que ça ne lui a jamais posé de problèmes sérieux.

« Je ne me mets jamais en colère contre les négationnistes climatiques ou autres sceptiques, explique-t-il. Même les politiques ou les décideurs ne m'agacent pas plus que ça. La seule chose qui me révolte vraiment, ce sont les autres chercheurs qui déforment plus ou moins consciemment les faits scientifiques pour qu'ils aient l'air moins alarmants qu'ils ne le sont en réalité. Ça, ça me rend furieux. »

Quand on voit Kevin Anderson parler sur scène, on comprend qu'il est en colère, mais il ne le montre jamais. Il a plutôt l'air passionné, professionnel et convaincu. En écoutant sa voix, on décèle sans aucun doute des traces de fureur, mais jamais d'indignation.

« Il y en a qui pensent que les chercheurs ne devraient pas dire les choses telles qu'elles sont, car c'est trop politique, poursuit-il. Pour moi, c'est exactement le contraire. Ce sont ceux qui choisissent le silence qui sont vraiment politiques, puisque leur silence dit que tout va bien, et c'est un message d'une puissance énorme qui se crée derrière un statu quo, ou un *business as usual.* Beaucoup de chercheurs disent aussi que notre message ne peut pas convenir aux systèmes politique et économique actuels, et que nous devons donc adapter ce que nous disons à la réalité qui prévaut dans la société. Mais je pense encore une fois que c'est complètement faux. Nous qui nous intéressons à la climatologie, nous ne sommes que des climatologues. Notre mission est de présenter des faits sur le climat. Nous ne sommes pas des experts en politique ou en questions sociales, alors ce n'est pas notre vocation de laisser la politique régir notre travail – ou de chercher à savoir comment nos résultats vont être perçus. Notre tâche, c'est de faire des recherches et de publier des données précises. »

Nous finissons de manger et nous débarrassons. Roxy renverse le bol d'eau, dans son enthousiasme devant trois morceaux de pain oubliés. Pour expliquer la mauvaise volonté de beaucoup de ses collègues chercheurs à l'égard d'un langage clair, Kevin Anderson revient une fois de plus aux années qui ont suivi le témoignage de James Hansen devant le Congrès américain, et la première conférence sur le climat des Nations unies à Rio de Janeiro.

« Je crois que depuis que nous avons commencé à travailler sur cette question après la conférence de Rio, en 1992, quand il y avait beaucoup d'optimisme sur les moyens de résoudre les problèmes, l'esprit positif a survécu. Et cet optimisme était légitime. Puis, à mesure que les années ont passé sans que rien se produise, les problèmes se sont bien évidemment accumulés, en empirant. Mais on n'a pas perdu l'optimisme qu'on sentait au début. De nombreux chercheurs ont imité la grenouille dans la marmite ; à quel stade doit-on s'échapper de la casserole ?

— Mais est-ce que les changements ont commencé ? veut savoir Svante.

— Oui, maintenant que les changements climatiques se produisent beaucoup plus rapidement que personne ne l'avait prévu, on voit de plus en plus de chercheurs choisir un mode d'expression plus libre. Mais c'est très graduel, et on choisit encore souvent d'adoucir et de tempérer le message quand on parle en public. Si vous prenez une bière avec un chercheur, par exemple, ou un politique qui s'y connaît, ils ne taisent jamais la gravité de la situation. Mais dès qu'ils ont un micro sous le nez, ils recourent systématiquement à des aberrations optimistes sur les changements climatiques. »

Nous quittons l'ombre sous les pommiers et nous ressortons sous le soleil ardent d'Uppsala. Sur le chemin de l'université, nous demandons à Kevin et Isak s'ils sont souvent sollicités pour intervenir dans les médias et le service public.

Nous savons évidemment à quel point la télévision suédoise publique est réticente quand il est question d'émissions sur le climat, mais nous voulons quand même poser la question. Nous avons tenté de vendre plusieurs idées d'émissions mais, même avec le soutien du producteur de télé le plus célèbre et le plus populaire de Suède, nous n'avons suscité aucun intérêt.

« Nous avons écouté le discours estival de Johan Rockström, et ça avait quand même l'air plein d'espoir. Comme si nous allions pouvoir résoudre ce problème », nous a-t-on répondu à la programmation après nous avoir refusé six spots d'infodivertissement sur le climat et la durabilité.

Mais depuis longtemps, l'un des plus éminents climatologues au monde travaille plusieurs mois par an à Uppsala. Bien sûr, SVT ou TV4 auraient dû sauter sur l'occasion pour faire quelque chose sur le sujet qui inquiète le plus les Suédois… ?

Mais non. Aucune demande de renseignements ne nous est parvenue de la télévision. « En revanche, nous avons assisté à une nette hausse d'intérêt de la part des médias depuis que Kevin est arrivé, explique Isak. Nous recevons souvent des demandes d'informations, et nous avons beaucoup participé à la radio, dans les magazines et à la télévision régionale.

— D'accord, mais combien de fois Kevin a-t-il participé à *Rapport*, *Aktuellt* ou au journal de TV4 ?

— Jamais, répond Isak.

— Combien de fois Kevin s'est vu *demander* de participer à *Rapport*, *Aktuellt* ou au journal de TV4 ? demandons-nous de nouveau.

— Jamais, répète Isak.

— À des interviews dans *DN* ou *SvD* ? »

Isak fait une petite grimace et penche encore une fois la tête sur le côté avant de répéter une deuxième fois sa réponse.

« Jamais. »

Dans la voiture électrique qui nous ramène à Stockholm, nous nous souvenons de toutes les choses que nous avons oublié de demander.

Mais ça n'a aucune importance, car personne n'a jamais eu besoin de poser ces questions.

Il n'y a en effet aucune résignation, aucune obscurité et aucune mélancolie au contact de Kevin Anderson.

Il n'y a qu'une énergie tranquille, concrète et pleine d'espoir.

SCÈNE 85

« Il n'est jamais trop tard
pour faire autant que possible. »
Pär Holmgren

Si l'histoire mondiale devait être rapportée à une année, la révolution industrielle interviendrait environ une seconde et demie avant minuit. Le 31 décembre.

Pendant cette période ridiculement courte à l'échelle historique, nous avons occasionné tant de destructions que notre course folle n'est comparable qu'aux cinq extinctions de masse précédentes. Mais avec une différence importante : le temps.

Nous pouvons provoquer en quelques semaines des événements qui prennent sans le concours humain des centaines de milliers ou des millions d'années, rien qu'en vivant normalement.

Nous vivons ce qu'on désigne déjà comme la sixième extinction de masse. Et elle n'a pas commencé à la fin du XVIIIe siècle – elle se poursuit depuis des milliers d'années.

Beaucoup de gens croient qu'il y a eu une époque où l'homme vivait en harmonie avec la nature, mais ce genre d'époque n'a jamais existé.

Des hommes ont vécu en harmonie avec la nature. Mais jamais l'humanité.

Où que nous soyons apparus sur la Terre, nous avons semé la destruction. Le lien entre le moment où l'homme fait son entrée et la chronologie du nombre des espèces éteintes – surtout les très gros animaux, ce qu'on appelle la *mégafaune* – délivre un message clair.

Un message que nous pouvons abandonner. Si nous le voulons.

SCÈNE 86

Testament d'une abondance historique à l'attention de toutes les générations à venir

Un temps viendra où nous ne serons plus là.

Un temps viendra où nos enfants et petits-enfants, ainsi que leurs propres enfants, ne seront plus là.

Un temps où nous continuerons à vivre – au mieux – sur un arbre généalogique, sur un disque dur ou sur une photo poussiéreuse en inconnus complets.

Tôt ou tard, en tout cas, nous tomberons dans l'oubli, que nous ayons été importants, haïs ou aimés.

C'est une idée difficile. D'autant plus si l'on admet que ce ne sont pas seulement nos expériences, nos bonnes actions et notre humanité qui compteront au final. Car il est avéré que l'éducation de base, saine et humaniste dont nous avons tous fait l'objet, a oublié un petit détail : notre empreinte écologique.

En effet, un temps viendra où nous serons tous disparus et oubliés, et où la seule chose qui restera de nous, ce seront tous ces gaz à effet de serre que nous avons émis dans l'atmosphère, plus ou moins sciemment.

En allant travailler.

Chez ICA Maxi.

Chez H & M.

Ou en allant participer à l'enregistrement d'une émission de télé à Tokyo.

Certains flotteront dans l'atmosphère pendant mille ans.

Certains seront absorbés par les arbres et les plantes.

Certains seront peut-être absorbés et conservés dans les profondeurs de la roche à l'aide de découvertes et de techniques intelligentes que personne n'a encore inventées.

On aura peut-être aussi inventé un aspirateur pour l'océan ; une machine magique capable de nettoyer les mers de tout le dioxyde de carbone qu'elles absorbent. Une machine nécessaire, puisque 40 % de nos émissions sont capturées par les océans, occasionnant une acidification que beaucoup considèrent comme une menace nettement supérieure à l'effet de serre, qui concerne les couches d'air au-dessus de la surface.

Alors nous allons tous continuer à vivre – mais peut-être pas comme nous l'avions imaginé.

Car, à de très rares exceptions près, aucun de nous ne laissera un souvenir capable de survivre aux empreintes écologiques qui demeureront après nous.

Si ça vous paraît pénible ou sans espoir, pensez qu'il n'y a peut-être besoin que d'une idole ou d'une influence encore plus grande pour commencer à redessiner cette carte. On peut sans le moindre doute discuter le pouvoir des célébrités, mais telle est la réalité aujourd'hui, et nous n'arriverons pas à la modifier.

L'avantage, dans le monde connecté actuel, c'est qu'il suffit qu'un roi, une superstar ou un pape décide de s'engager personnellement pour une suppression totale des émissions, avec ce que ça implique de véganisme, de refus de l'avion et de panneaux photovoltaïques sur le toit, pour que ce changement paraisse possible.

Personne ne peut provoquer seul un changement de système. Mais une seule voix suffit pour initier une réaction en chaîne qui peut tout mettre en mouvement – si cette voix est assez forte.

IV

ET SI LA VIE ÉTAIT RÉELLE, ET SI TOUT CE QUE NOUS FAISONS AVAIT UNE IMPORTANCE

But man is a part of nature,
and his war against nature
is inevitably a war against himself.

Rachel Carson

SCÈNE 87

Plus au nord, juillet 2018

Il fait chaud à Luleå. Très chaud. Svante essuie la sueur de son front, fait entrer un peu d'air dans sa chemise et inspire à fond, presque exagérément. Mais la fille à la réception méprise ce genre de commentaire sans mots.

« Maintenant qu'il fait enfin véritablement chaud ici, je ne veux entendre personne se plaindre ! lance-t-elle comme s'il s'agissait d'une chose beaucoup plus importante que la météo.

— Bien sûr » répond-il avant de composer son code sur le lecteur de cartes. Il importe de choisir ses combats.

Greta attend avec Roxy dans la rue piétonne devant l'hôtel, elle traîne les bagages jusqu'à la voiture électrique et ouvre le hayon. Svante charge le sac contenant le four à micro-ondes, la plaque à induction et toutes les denrées dont Greta aura probablement besoin au cours des deux semaines à venir. Puis Roxy grimpe à bord et s'installe pendant que Greta entre la destination dans le GPS et qu'ils quittent le parking.

« Il manquera 20 kilomètres pour que la batterie tienne, constate Greta tandis qu'ils roulent à petite vitesse et presque silencieusement vers l'E4.

— Aujourd'hui, on ne roulera qu'avec la batterie, répond Svante. Lentement. On va réduire la consommation électrique, et on verra quelle distance on parcourt. »

Ils roulent sur l'E4 en direction de Kalix, puis piquent vers le nord et Gällivare.

De l'autre côté de la fenêtre, le paysage estival défile à 80 kilomètres-heure. La forêt a un aspect différent pour eux, à présent. Il y a quelques années, ils voyaient des arbres, la nature et des terres vierges. Maintenant, ils voient des coupes rases, des plantations et des monocultures qui privent la terre de sa diversité et de sa force de résistance.

Bien sûr, Greta aurait préféré prendre le train, puisque aucun véhicule personnel au monde ne peut être considéré comme durable. Même s'il est électrique. Mais c'est toujours impossible à cause de ses troubles alimentaires et de ses TOC, et rien que le fait de pouvoir voyager est un progrès énorme par rapport à quelques mois plus tôt seulement. Greta a gagné en énergie depuis le printemps. Depuis le concours d'écriture dans *Svenska Dagbladet*. Depuis qu'elle a commencé à planifier sa grève scolaire.

Les fermes baignent dans les 20 °C de chaleur estivale. Des fermes abandonnées. Des fermes vivantes. Des fermes comprenant des animaux et des gens.

Des fermes pleines de tas de véhicules à moteur ayant fait leur temps. Des voitures, des tracteurs, des caravanes, des scooters des neiges, des chasse-neige, des mobylettes et des motos. Le moindre chemin est un musée d'engins motorisés potentiel.

Mais un peu plus loin de la route, on devine aussi le rêve d'une vie différente, plus simple et peut-être meilleure. De petites maisons rouges se dressent hors de la terre pauvre, comme les silhouettes d'un temps qui semble presque s'être arrêté.

Ils écoutent *This Changes Everything*, de Naomi Klein. De temps en temps, ils interrompent la lecture du livre et discutent de ce qu'elle dit. Puis ils reviennent en arrière et réécoutent.

Lancent la lecture, écoutent, interrompent.

Les buissons, les taillis et les forêts de pins s'étendent presque jusqu'au cercle polaire et au panneau blanc exotique informant qu'on a passé la *limite des terres cultivées*. La route est presque infiniment droite et déserte. Des dizaines et des dizaines de kilomètres de la même chose. Des arbres maigres, de plus en plus petits à mesure qu'ils s'éloignent de Bottenviken.

Des perches noires pendent des pins, ils ne savent pas ce que c'est. Greta prend des photos et dit qu'ils pourront demander à quelqu'un le lendemain, quand ils seront arrivés.

Les conditions de conduite sont idéales pour la voiture électrique, et la portée de la batterie est de plus en plus longue compte tenu de la destination.

« Mais on va quand même s'arrêter pour recharger à Kiruna. Il faut acheter du pain et des légumes, non ?

— Mmm », répond Greta.

Chez Coop, à Kiruna, *Klimatklivet i Norrbotten*[1] se pavane. Il n'est encore question que de deux bornes de recharge pour véhicules électriques dans un coin du gigantesque parking du centre commercial de Kiruna. L'une d'elles est hors service et une triste lampe rouge est allumée en permanence, l'autre fonctionne, et quand Svante demande gentiment à la personne qui y a arrêté son SUV au point mort si elle peut aller se garer sur l'un des autres emplacements libres, ils peuvent descendre du véhicule et le connecter. La voiture se recharge de 50 kilomètres par heure, et ils déambulent sur le parking bien rempli vers un petit bois où Roxy pourra se dégourdir les pattes et renifler çà et là. Elle est loin de County Cork et de l'arrière-cour dans laquelle elle a grandi.

Il fait chaud à Kiruna aussi. Aussi chaud qu'à Luleå. Un parfum de gaz d'échappement, de graillon et d'herbe coupée flotte dans l'air. Un homme sort de chez Rusta avec une tondeuse sous le bras. Il porte un jean coupé, un T-shirt blanc, et sous l'autre bras il porte le carton vide, qu'il dépose sans plus de cérémonie juste à côté de la porte du magasin. Il est prêt à partir dans le voisinage donner à la végétation arctique le traitement qu'elle mérite.

Ils utilisent les toilettes du Burger King et se fraient un chemin entre les plateaux surchargés, les sièges et les tables couverts de Whoppers, de Coca-Cola et de frites. Le sol est poisseux de ketchup et de sodas renversés.

---

1. « L'action pour le climat dans la région du Norrbotten ».

Quelques hommes en vêtements de randonnée attendent devant le dépôt de Systembolaget avec des casiers à bouteilles, des cannes à pêche et des sacs à dos éparpillés sur le trottoir devant eux. Avant de se rendre en pleine nature, ils ont transformé leur petit morceau de centre commercial en vestiaire pour mecs – ils jurent, plaisantent et rigolent aussi fort qu'ils le peuvent. On va aller pêcher. On va aller dans la forêt. Et on va boire de l'alcool.

Greta et Svante font leurs courses et repartent. La radio passe le morceau préféré de Beata, *Whatever It Takes*, d'Imagine Dragons, et elle manque tant à Svante que c'en est physiquement douloureux.

Il aurait voulu qu'elle les accompagne.

Il aurait voulu qu'ils puissent tout faire ensemble.

De l'autre côté de la mine, on voit les montagnes et toute cette nature intacte qui n'est plus si intacte. Svante essaie de savoir où est le nouveau centre de Kiruna, mais c'est très imprécis. Tout ce qu'on voit sur la droite, c'est une grande étendue herbeuse et quelques immeubles dessinés par l'architecte Ralph Erskine.

« Je crois que la ville doit se trouver là-bas, derrière la butte, mais je n'en suis pas sûr, confesse Svante. Une grande partie de la ville doit être déplacée parce qu'apparemment, c'est devenu assez dangereux. L'église, l'hôtel de ville, le stand à hot-dogs. La mine a tellement grossi, on en a tiré des quantités de minerai si énormes que tout est sur le point de s'effondrer. Et maintenant, LKAB plastronne en disant vraiment prendre en charge tout le déménagement.

— C'est la moindre des choses, répond Greta.

— Oui, l'exploitation minière n'est pas une activité idéale », admet Svante en remettant Naomi Klein tandis qu'ils suivent Malmbanan vers le nord-ouest. Après quelques dizaines de kilomètres, ils sont bloqués par un troupeau de rennes, et Greta prend une photo avec son vieux téléphone portable cassé, qui a servi pendant une année complète de routeur WiFi à la famille de demandeurs d'asile qui habitait chez nous, à Ingarö.

Ils se trouvent déjà dans un autre monde – un monde où les voitures doivent toujours s'adapter aux animaux. Les rennes remontent calmement la file des remorques, notre véhicule traverse le troupeau et continue vers le paysage de plaines en direction de Torneträsk.

SCÈNE 88

Une machine à voyager dans le temps

Svante réfléchit avec une intensité qui fait vibrer tout son corps. Il voudrait vraiment pouvoir répondre à la question. Il veut montrer qu'il a suffisamment de connaissances en la matière pour légitimer sa présence parmi la vingtaine d'universitaires stagiaires venus de toute l'Europe pour remplir cette salle de cours au Secrétariat pour la recherche polaire à Abisko. Mais la question est difficile.

« Quel est le degré d'efficacité des panneaux solaires ? »

Personne ne peut répondre, bien que la question porte sur les énergies renouvelables et que tous les participants étudient la durabilité, l'écologie, la biologie ou le climat. Svante envisage de risquer le coup. Il pense à l'inclinaison et aux degrés quand Keith Larson, le spécialiste de l'écologie évolutive à l'université d'Umeå, crée la surprise en tendant le doigt vers Svante et Greta.

Roxy dort par terre sous le siège de Greta, et Svante a le temps de sentir une vague de stress le parcourir avant de voir du coin de l'œil Greta lever la main. Il n'a pas le temps de réagir.

« Soixante pour cent », répond-elle à haute et intelligible voix en anglais, et c'est la première fois depuis plusieurs années que Svante l'entend prendre la parole de son propre chef hors du cercle familial, hormis avec son enseignante Anita.

Il ne comprend pas ce qui vient de se passer. Et encore moins la réponse, le chiffre de « soixante pour cent ».

« Exact ! » répond gaiement Keith Larson depuis le tableau, et il répète la réponse. « Soixante pour cent ! »

Les étudiants qui viennent de toute l'Europe lancent des coups d'œil amusés et surpris à Greta, pendant que le cours se poursuit sur l'écran.

Plus tard, sur le toit de la station de mesures, Keith Larson explique que les grands changements se sont accélérés à la fin des années 1980. Depuis, c'est allé vite. Très vite.

« La neige, la glace et les glaciers ont eu un effet retardateur dans l'Arctique. Mais quand la fonte des glaces a atteint un certain point, les choses se sont accélérées. »

Keith est américain, mais il vit à l'année dans ce qui est la plus ancienne station de recherche encore active au monde. Elle a vu le jour à l'occasion de la construction de Malmbanan, et elle est le lieu d'un projet de recherche unique répétant exactement les mêmes recherches que celles effectuées il y a cent ans. Sur les pentes du mont Nuoljan, on étudie la végétation au même endroit, un siècle plus tard.

Et même si les résultats de cette recherche sont encore loin d'être prêts, on peut d'ores et déjà voir de grosses différences. Dont certaines à l'œil nu.

« Ce qui se produit ici suit bien entendu la même tendance que partout dans le monde. La température augmente et c'est près des pôles que la différence s'accentue considérablement. La limite de végétation grimpe le long des montagnes, les zones de végétation basse suivent et le milieu alpin se réduit. Quand la température augmente, les arbres et les arbustes peuvent pousser plus haut, où il faisait trop froid auparavant. »

Un autre très long train de minerai passe avec fracas dans le paysage entre la station de recherche et les sommets des montagnes.

« Ici, à Abisko, le résultat du changement climatique se voit d'une façon différente de la plupart des autres endroits. Ici, tout est clair, même pour quelqu'un qui n'a aucune expérience de l'étude de ce genre de changements. Vous n'avez qu'à regarder la zone d'arbustes : elle est quatre fois plus vaste aujourd'hui qu'il y a cent ans. »

Keith Larson explique que le principal problème est peut-être que la zone alpine rétrécit. Cela implique que les espèces qui vivent ici sont repoussées par d'autres animaux, des insectes et des plantes, qui suivent l'avancée des arbres sur les flancs des montagnes. Ils se déplacent jusqu'à ce que l'espace vienne à manquer. Les équilibres changent. Les conditions aussi.

« Si l'on regarde la limite des arbres sur le mont Nuolja, on voit qu'elle a progressé vers le haut des pentes. Exactement comme elle le fait en de très nombreux autres endroits du globe. Aujourd'hui, on y a construit un téléski, ce qui a modifié l'endroit où les rennes doivent paître, mais les résultats sont à peu près les mêmes qu'ailleurs », conclut-il en tendant un doigt vers la montagne. Il fait chaud sur le toit noir, et ils décident d'aller discuter à l'ombre. Mais avant de descendre et de quitter la vue sur la montagne, il pointe la différence qui est sans doute la plus frappante.

« Il y a cinquante ans, la limite des arbres était au même endroit que quand Friis a effectué ses études, il y a cent ans. Mais aujourd'hui, elle bouge. De plus en plus vite. Elle est aujourd'hui 230 mètres plus haut sur les flancs de la montagne.

— 230 mètres ? répète Svante.

— Oui, 230 mètres, répond Keith. Nous sommes sur la ligne de front vers l'Arctique. Comme je vous l'ai dit, ici les changements sont très rapides. Et je suis surpris qu'aucun autre chercheur ne cherche à venir en Suède et à Abisko. Ici, l'environnement est complètement unique, et il s'y passe tout un tas de choses. »

Le lendemain matin, Greta, Svante et Roxy accompagnent quatre étudiants allemands qui collectent des données à l'endroit exact où Friis a effectué ses études de 1916 à 1919. Yrsa, la fille de notre éditeur, est aussi présente. Elle fait un job d'été comme responsable de relations publiques pour Keith et son équipe.

« C'est unique que ce genre d'études détaillées soient conservées encore aujourd'hui, et puissent servir à nos recherches cent ans plus tard. C'est comme une machine à voyager dans le temps », expliquent les étudiants.

Ils commencent presque au sommet, en dressant des supports le long du sentier, et ils prennent des mesures avec leurs iPad.

Greta et Svante suivent à quelque distance. La vue est magnifique, elle porte très loin. Le Torneträsk. Les montagnes. Et Malmbanan, bien sûr, qui ne se repose jamais. Tout en contrebas, ils voient des trains qui avancent péniblement vers Narvik et la Norvège. Vers le port, les véhicules, la mer et toutes les industries qui attendent, partout dans le monde.

Tout en haut de la montagne, c'est la fin de l'hiver. Plus bas, le printemps a commencé, avec ses fleurs et ses ruisseaux qui murmurent. Dans la zone d'arbustes, ils arrivent à l'été, et il est temps de déjeuner. Les mouches bourdonnent, les fleurs et la mousse exhalent leurs parfums. Il n'y a pas du tout de vent, tout le monde ôte manteaux et sweats.

« Je suppose que vous vivez ça chaque jour sans exception, plaisante Svante.

— Pas exactement », rient-ils autour de lui.

Greta s'assoit à quelques mètres des autres. Elle sort son bocal de pâte de haricot, sa fourchette et inspire à fond, mais très discrètement. Puis elle commence à manger.

C'est la première fois en près de quatre ans qu'elle mange en compagnie d'inconnus.

Elle se déplace comme à l'époque d'avant les TOC et les troubles alimentaires.

Mais plutôt.

C'est l'époque d'après.

SCÈNE 89

Nuits tropicales

« Ça fait plus de trente ans que j'habite ici, nous confie la réceptionniste, qui réapprovisionne le buffet du petit déjeuner. Et une chose est sûre : je n'avais jamais rien vu de tel. Qu'il fasse plus de 20 °C, toute la nuit. C'est une première.

— Si la température ne descend pas sous les 20 °C la nuit, il me semble qu'on parle de nuit tropicale, répond Svante. Ça ne doit pas arriver si souvent au nord du cercle polaire », ajoute-t-il avec un rire gai pour ne pas répéter l'erreur faite dans l'hôtel précédent.

Mais ici, la chaleur n'est pas accueillie avec le même enthousiasme immodéré que plus au sud, à Luleå. Ici, c'est plutôt une espèce d'inquiétude prudente qui règne vis-à-vis de la chaleur estivale excessive, et le personnel n'a pas l'air de très bien savoir comment répondre aux questions des clients sur les endroits où « se promener à l'ombre », « combien va-t-il faire dans les alpages aujourd'hui ? » et « est-ce qu'on peut aller à Lapporten par cette chaleur ? »

Svante remplit son assiette de bouillie d'avoine et évite de demander du lait d'avoine, car la chance qu'il y en ait ne paraît pas assez élevée pour qu'il s'expose au risque de passer pour quelqu'un de plus raffiné et délicat que tous les autres.

Un gars de Stockholm, autrement dit.

Comme si ce n'était pas déjà une réalité, après les ragots sur le chauffage par infrarouges de la voiture électrique, coincée entre le parking et la petite terrasse en bois du restaurant. Greta mange dans la chambre minuscule en compagnie de Roxy. Du pain Pågen et du pain rustique aux airelles, comme toujours. Sans rien dessus.

Il fait chaud sur la terrasse. Le beurre fond sur le pain, Svante pourrait aussi bien se trouver en Italie ou à Barcelone. Il remplit son mug de café pour la quatrième fois, tandis que les derniers clients s'en vont et que le personnel de l'hôtel s'installe à une table voisine pour prendre une pause au soleil.

Ils parlent de la chaleur, bien sûr. Et de qui a dit quoi, qui a fait quoi en ville. Ce sont quatre femmes, l'une d'elles vient du sud, de la province du Hälsingland. Elle semble avoir du mal avec la chaleur, et elles plaisantent là-dessus, évidemment.

Elle devrait avoir l'habitude, quand même, etc. C'est aussi elle qui renseigne les clients sur les coins à l'ombre quand ils sortent se promener dans la canicule.

« Le mieux, c'est pratiquement de ne pas sortir du bâtiment », répond-elle sans la moindre trace d'ironie.

De temps à autre, la conversation est couverte par le vacarme d'un hélicoptère qui décolle ou atterrit sur l'espace de rassemblement un peu plus haut. Ça sent le kérosène, le café et le bois traité.

Au bout d'un moment, un homme vient s'asseoir avec les femmes. Ils se connaissent bien. C'est le pilote de l'hélicoptère, et la conversation dévie sur les autres hôtels et les chalets dans les montagnes alentour.

« Il a fait 25 °C à Kebnekaise, hier. » Et « vous avez entendu que le sommet sud n'est plus le plus haut, parce que le glacier a beaucoup fondu ? ».

Ce n'est pas une nouveauté.

Les affaires marchent bien dans le monde des hélicoptères, mais il n'est pas satisfait du tout. Il se demande s'il pourrait augmenter la rentabilité pour tout le monde en diminuant sérieusement les prix, pour perdre en principe sur le carburant et le matériel, mais si tous coopèrent sur ce coût ça implique qu'ils auront beaucoup plus de clients à monter aux chalets, et une circulation plus importante génère des revenus nettement supérieurs.

C'est une très bonne idée, approuvent-ils en chœur.

Bien sûr, Svante n'est pas exactement de cet avis, mais il garde ses considérations pour lui.

Voilà une région de Suède qui paie pour presque tout. On a creusé dans les champs. On a détruit les rivières en les canalisant et on a rasé les forêts. Et l'argent s'est toujours retrouvé dans des portefeuilles beaucoup plus au sud. De gros portefeuilles, d'ailleurs.

Très gros.

Greta et Svante préparent leur sac de victuailles et tout ce dont ils auront besoin pour la promenade. Ils traversent la cour de l'hôtel. Roxy court devant et attend une confirmation visuelle tous les 10 mètres.

La pause du personnel est terminée, trois membres se sont rassemblés autour de la pompe à chaleur à l'extérieur du restaurant, avec un mode d'emploi qui passe de main en main. Elles le lisent à voix haute, en tendant un doigt hésitant vers le panneau de commandes et l'écran.

« Elle doit pouvoir faire entrer de l'air frais aussi, dit la réceptionniste. Comme une climatisation. »

Le thermomètre à l'extérieur de l'épicerie indique 31,7 °C, et ils ne savent pas très bien où aller. Ils en ressentent presque une légère panique. Dans les alpages, il fait sûrement plus frais, mais il n'y a pas d'ombre. En trois jours seulement, la neige a presque complètement disparu des sommets voisins.

Mais le long de la rivière, il devrait faire plus frais, devinent-ils, et c'est le cas. Il y a aussi un petit peu d'ombre çà et là dans cette végétation basse de montagne. Ils s'arrêtent de temps en temps pour barboter dans les rapides. Les arbres, les champs, l'herbe, les plantes et les tourbières dégagent une odeur qu'ils n'ont encore jamais sentie. Après plusieurs jours dans cette chaleur énorme, un nouvel environnement est apparu. Un nouveau monde, complet, fait de nouveaux parfums, de nouvelles couleurs et de nouveaux paramètres. Ils s'arrêtent parfois pour s'agenouiller et humer la terre et la mousse, le nez au ras du sol.

Ils font une pause au bord de la rivière, au pied de falaises blanches. L'eau est verte et blanche, à cause des rapides qui sont puissants au milieu et près de la rive en face. Si Roxy était emportée par le courant, elle serait perdue. Elle suivrait la rivière jusqu'à la chute d'eau, à 5 kilomètres en direction de Torneträsk. Alors ils restent dans une petite crique près de la rive.

Il fait froid dans la rivière. Mais pas trop. Ils se trempent et boivent l'eau de montagne dans laquelle ils se baignent. Ils l'engloutissent. Puis ils se sèchent au soleil sur les rochers jusqu'à ce qu'il fasse trop chaud. Et ils sautent de nouveau dans l'eau.

Sur la rive, Greta trouve une pierre noire qui a exactement la forme d'un cœur. Un cœur parfait, noir de jais.

« Comme le chevalier Kato, dit-elle. Un cœur en pierre. On devrait le lancer dans l'eau, comme Mio.

— Vas-y. »

Mais Greta hésite.

« Mais imagine qu'il a fallu des millions d'années juste pour que cette pierre se retrouve ici, sur la rive. Et si quelqu'un venait ici et la voyait, ça lui ferait peut-être plaisir ?

— Tu parles, répond Svante à la vitesse de l'éclair. Les gens ont tout plein de bonnes raisons d'être heureux et reconnaissants. Nous ne méritons rien de plus. »

Greta ramasse la pierre noire et la lance de toutes ses forces au milieu de la rivière. Roxy se lève d'un bond et veut aller voir, mais s'arrête instantanément pour regarder les cercles concentriques disparaître dans le vacarme tumultueux des rapides.

SCÈNE 90

Il faut qu'un événement important et inattendu se produise

Le lendemain matin est nettement plus frais. Il bruine, et un temps très différent est arrivé sur les montagnes. Ils grimpent le sentier vers Trollsjön, Roxy court en zigzag, de haut en bas sur le flanc de la montagne. Le paysage est comme un mélange de *The Sound of Music* et du *Seigneur des anneaux* : des rochers gigantesques dans l'herbe verte entre les parois rocheuses qui se dressent comme des gratte-ciel de chaque côté du vallon. Des fleurs jaunes poussent partout.

L'énergie de Greta continue à croître de jour en jour. Elle parle de la grève scolaire, et elle demande inlassablement comment faire.

« Quoi qu'il arrive, tu devras tout faire toute seule, répond Svante pour la dixième fois au moins. Tu dois pouvoir répondre à toutes les questions. Et tu dois connaître tous les arguments, toutes les réponses. Les journalistes te poseront des questions sur absolument tout.

— Qu'est-ce qu'ils vont me demander ?

— Ce que je viens de te dire.

— Mais plus précisément. Quelles questions peuvent-ils poser ? Pose-moi des questions comme si tu étais journaliste.

— Ce sont tes parents qui t'ont poussée à faire ça ? Ça, on va te le demander tout le temps.

— Alors je dirai les choses telles qu'elles sont. Que c'est moi qui vous ai influencés, et pas l'inverse.

— Exact.

— Vous n'avez qu'à aller voir mon compte Twitter et ce que j'ai écrit, poursuit Greta. Et ce n'est pas parce que je suis timide et asociale que je vis coupée de tout. J'ai remporté des concours d'écriture. J'ai convaincu des éditeurs scolaires de réviser des manuels. Tout ça se trouve sur Internet.

— Mais ça, ils ne le vérifieront pas. Au contraire. Ce ne sont que les détracteurs qui déterrent ce genre de choses. Les autres s'en moquent. Et si ça ne correspond pas à leurs histoires, ils le laisseront tomber. Mais les gens comprendront. Ta lutte pour le climat n'est pas un secret. Il y a même un pitch complet pour une émission de télé sur la façon dont tu as rallié ta mère au *combat involontaire pour l'environnement*, et puisqu'il venait d'un producteur et d'une compagnie de production qui font en principe ce qu'ils veulent, tous les responsables de SVT l'ont lu, pas de doute. »

Greta réfléchit à ce que dit son père.

« Mais ça n'a rien donné, cette émission, hein ?

— Non, on peut oublier. Ça fait un an et demi, et le service public ne touche pas à la question du climat, même avec des pincettes.

— Mais quelles autres questions vont-ils poser ? continue Greta.

— Tout et n'importe quoi. Le plus important, c'est que tu dises les choses comme elles sont et que tu donnes des éléments concrets. Tu dois les avoir tous et veiller à toujours savoir ce que tu dis. Ils demanderont sans doute toujours "Mais qu'est-ce qu'on doit faire ?" ou "Qu'est-ce qui est le plus important ?", car les adultes ont appris qu'il fallait toujours des réponses concrètes à toutes les questions, même quand on ne les connaît pas. La façon de dire quelque chose est plus importante que ce qu'on dit. Il faut que tu y penses.

— OK, répond lentement Greta. Mais il n'y a pas de solutions dans le système actuel. La seule chose que nous pouvons faire, c'est commencer à traiter la crise comme une crise.

— Très juste. Mais personne ne le comprendra. Il faudra le répéter sans arrêt. Encore, et encore. »

Svante préférerait que Greta abandonne ses projets de grève scolaire, tout comme moi. Ce serait mieux, sans le moindre doute. Mais il voit l'énergie qui s'empare d'elle quand elle en parle et quand elle y pense, et il essaie toujours de répondre à toutes les questions qu'elle pose. Même si c'est pénible.

Ils quittent le sentier et s'engagent entre les énormes blocs de roche. Grimpent jusqu'à l'endroit idéal où déjeuner, sous un surplomb qui constitue un toit entre eux et les averses qui vont et viennent.

Svante nous envoie une photo, à Beata et moi. C'est toujours un grand progrès à nos yeux que Greta soit capable de manger dans des endroits inconnus. En extérieur, qui plus est. De la pâte de haricot avec un peu de sel et quelques tranches de pain rustique aux airelles peuvent être emportés presque partout, les possibilités que ça ouvre sont étourdissantes.

Comme se promener en montagne.

La couverture nuageuse se déchire et le soleil réapparaît. Toute la paroi est une gigantesque cascade improvisée. L'eau ruisselle sur des kilomètres de roche.

Ils regardent encore quelques centaines de mètres plus bas dans la vallée. Un petit delta s'étend sur l'herbe verte, des centaines de rennes s'agitent comme des fourmis en contrebas. Ils sont peut-être des milliers.

Soudain, certains se mettent à courir en bordure du troupeau, et d'autres leur emboîtent le pas. Puis ils ralentissent, s'arrêtent et continuent à brouter.

« La grève scolaire pour le climat va être complètement incompréhensible pour tous ceux qui ne perçoivent pas la gravité de la situation, reprend Greta gaiement, presque euphorique. Et puisque presque personne ne sait, presque personne ne comprendra. On va me détester comme pas permis ! rit-elle.

— Les enfants comprendront peut-être.

— Non. Les enfants font comme leurs parents. Je n'ai pas rencontré un seul enfant qui se soucie du climat. Tout le monde dit que ce sont les enfants qui nous sauveront, mais je n'en crois rien. »

Svante garde le silence. Il espère qu'elle se trompe.

« Si nous avons deux ans devant nous pour inverser la courbe d'émissions, il faut que quelque chose commence maintenant, et d'ici au printemps prochain, il faudra que quelque chose se soit passé. Une chose très importante et très inattendue. »

Les rennes se déplacent lentement autour du delta dans le fond de la vallée. L'air est plus chaud, à présent.

Ils ramassent leurs affaires et poursuivent leur promenade jusqu'au dernier raidillon avant le Trollsjö. On doit manifestement voir à 30 ou 40 mètres de profondeur, car l'eau est très pure. Ils voient les flancs de la montagne autour du lac qui dégoulinent d'eau de pluie et de fonte, et tout est en mouvement permanent. Le vent souffle çà et là.

On devine le lac depuis le palier au-dessus du sentier.

Mais Greta a l'air fatiguée.

« Tu y arriveras ? demande Svante. Il ne reste que 100 mètres, nous y sommes presque.

— Je ne sais pas. »

Ils restent immobiles et silencieux un moment. Prennent une photo avec leur portable. Attendent.

« Quand j'étais petit, j'ai toujours appris qu'on ne doit pas renoncer. Il faut toujours essayer encore un peu », commence Svante en préparant un petit monologue.

« Mon premier boulot d'été, c'était dans une blanchisserie de Bromma ; il fallait à peu près une heure et demie pour y aller, chaque matin. Je nettoyais des draps et des couvertures dégueulasses qui venaient d'un service de gériatrie, et j'ai tout de suite voulu arrêter, mais ta grand-mère m'a forcé à continuer et j'ai toujours pensé que c'était une très bonne chose. Que je n'aie pas renoncé. Mais maintenant, je n'en suis plus aussi certain. Il m'arrive de penser que les gens devraient peut-être renoncer plus souvent. Ou faire quelques pas en arrière, au moins, une fois de temps en temps. »

La bruine se remet à tomber, et 4 kilomètres les séparent de la route. Ils ont été absents dix jours, et il est bientôt l'heure de rentrer à Stockholm. Le lendemain, ils prévoient d'aller à Kvikkjokk, la première partie de leur voyage de retour.

« Tu sais quoi ? conclut-il. On va faire demi-tour ici. On n'a pas besoin de tout voir. On n'a pas besoin d'être allés partout. »

SCÈNE 91

Tous les dinosaures avaient des TDAH

Je suis exténuée par notre histoire.

Mais nous racontons tout encore une fois.

Svante parle. Je parle. Nous discutons aimablement parce que les enfants sont là.

Greta examine un cube et quelques triangles pédagogiques posés sur la table de la salle de réunion.

Beata se tortille et lève les yeux au ciel.

Elle veut rentrer danser à la maison. Elle en a autant assez du BUP que moi.

Quand nous avons terminé, quand les enfants sont partis devant, le médecin pousse un soupir et penche la tête sur le côté.

« Oui, bon sang. Vous avez bien besoin d'aide. »

Nous rions tous les trois. Tout le monde nous veut du bien.

Tout le monde fait de son mieux. Et souvent un peu plus.

Tout comme l'écrasante majorité des autres personnes ; des personnes qui veulent faire des choses bien à partir de leur perspective personnelle et unique.

Toute la famille rentre ensemble à la maison, par Fleminggatan.

C'est l'été. Les oiseaux chantent dans les arbres et quelques nuages d'altitude s'étirent dans le ciel comme un archipel à l'envers.

Un avion a tiré un trait au-dessus de l'horizon.

Il n'est plus nécessaire.

Svante a promis d'aller avec Greta dans un magasin de bricolage pour acheter une chute de panneau de bois qu'elle pourra peindre en blanc pour en faire une pancarte. « Grève scolaire pour le climat » sera inscrit dessus, elle l'a décidé il y a longtemps. Et bien que Svante et moi sachions à quel risque énorme elle s'expose – nous préférerions nettement qu'elle renonce à son projet de grève scolaire –, nous la soutenons. Avec juste ce qu'il faut d'enthousiasme. Car la rentrée approche, et Greta n'a pas du tout l'air de vouloir abandonner son idée. Au contraire. Et nous voyons qu'elle va bien quand elle échafaude ses plans – mieux que depuis de très nombreuses années. Mieux que jamais, en fait.

Un grand dinosaure vert en peluche trône dans l'un des magasins de la galerie de Västermalm. En passant devant, nous voyons notre reflet dans la vitrine. Beata, Greta, Svante, le dinosaure et moi.

Si nous n'avions pas eu autant de troubles dûment diagnostiqués, de TOC et de troubles alimentaires, Svante n'aurait pas eu une telle envie d'aller aux toilettes, comme toujours, et nous aurions pu nous arrêter pour prendre une photo.

Ç'aurait été un stade intermédiaire parfait, dans une perspective géologique plus large.

Mais les choses sont ce qu'elles sont.

« Je me demande si les dinosaures faisaient des TDAH, commence Svante.

— Ouais, répond Beata. Ils étaient Asperger, ils avaient des TOC, des TOP et des TDAH, comme moi. Voilà pourquoi ils ont disparu. Ils avaient trop d'idées dans la tête et n'arrivaient pas à se concentrer, et tous les sons perturbants les ont rendus complètement fous. »

SCÈNE 92

Croissance illimitée sur une planète limitée

Les dinosaures ont vécu sur Terre pendant deux cents millions d'années, une période courte comparée à l'histoire de la planète, longue de 4,6 milliards d'années.

Les hommes ne sont là que depuis deux cent mille ans. Mais nous avons déjà réussi à fabriquer des animaux en peluche en forme de reptiles morts il y a plus de soixante millions d'années. Des animaux en peluche produits massivement en Chine et envoyés partout dans le monde, pour tous ceux qui ont les moyens de les acheter.

Tout le monde n'en a pas les moyens.

Mais beaucoup de gens les ont, et chaque jour nous sommes plus nombreux, ce qui nécessite des ressources.

Mais les ressources ne sont pas de plus en plus abondantes.

Il y a des limites à ce que nous pouvons tirer d'une planète plus exploitée chaque année.

L'une de ces ressources arrive à toute vitesse à son épuisement, et le dinosaure du magasin de jouets en est partiellement responsable.

Nous sommes tous partiellement responsables.
À des degrés divers, bien sûr.

Les 10 % les plus riches au monde sont à l'origine de la moitié de toutes les émissions de gaz à effets de serre, qui sont sur le point de consommer l'une de nos ressources naturelles les plus importantes : une atmosphère équilibrée et fonctionnelle.

Au rythme actuel des émissions, cette ressource naturelle sera bientôt épuisée, et le fait que si peu d'entre nous en aient conscience doit être l'échec le plus cuisant qu'*Homo sapiens* ait jamais rencontré.

Mais comment le saurions-nous ?

Nous nous trouvons dans une crise qui n'a jamais été traitée comme une crise.

La moitié pauvre de la population terrestre n'est responsable que de 10 % des émissions mondiales de dioxyde de carbone, et si nous devons trouver des modèles à suivre c'est sans doute là que nous devons chercher. Plutôt que parmi les célébrités que je connais. Ou parmi les stars de Hollywood et les ex-politiques américains qui comptabilisent plus d'heures de vol annuelles qu'un pilote de chasse moyen.

Le climatologue Kevin Anderson pense que si les 10 % les plus riches du monde réduisaient leur niveau d'émissions à la moyenne de l'Union européenne, les émissions mondiales baisseraient de 30 %. Cette mesure – ainsi que beaucoup d'autres, rapides – nous donnerait du temps.

SCÈNE 93

La grande scène

Nous pensions – honnêtement – qu'elle serait rentrée pour le déjeuner. Si elle s'en allait.

Mais il n'en fut rien.

Le matin du 20 août 2018[1], Greta se lève une heure plus tôt que d'habitude, quand on est en semaine et qu'il y a école.

Elle prend son petit déjeuner. Fait son sac, avec ses livres, son déjeuner, des couverts, une bouteille d'eau, un petit coussin pliable et un cardigan supplémentaire.

Elle avait imprimé cent prospectus de données et de sources sur la crise climatique et durable. Le texte faisait 5 303 signes, espaces comprises. La première page indiquait en grosses lettres noires que :

Nous, les enfants, nous ne faisons que rarement
ce que vous nous dites de faire.
Nous faisons ce que vous faites.
Et puisque vous, les adultes,
vous vous foutez de mon avenir,
alors je fais la même chose.

1. Le jour de la rentrée scolaire en 2018.

Je m'appelle Greta et je suis en 2de.
Et je fais la grève scolaire pour le climat
jusqu'aux élections.

Elle sort son vélo blanc du garage. Il n'a presque jamais servi. Ces quatre dernières années, elle n'a trouvé ni l'envie ni l'énergie d'aller seule quelque part. Et encore moins de faire du vélo rien que pour le plaisir.

Elle grimpe sur la selle, lance un coup d'œil rapide derrière elle sur le trottoir et s'en va le long de Kungsholms Strand, passe devant l'hôtel de ville et poursuit vers Drottninggatan.

Sur Tegelbacken, quelques touristes fument une cigarette pendant que les cheminées des bateaux crachent leurs nuages noir d'encre vers le ciel de fin d'été, au-dessus des embouteillages matinaux sur Centralbron et Söderleden. Svante pédale quelques mètres derrière, le panneau sous le bras.

Le jeudi précédent – quatre jours plus tôt –, elle était allée repérer les rues autour du Parlement, et elle avait choisi l'endroit où elle voulait s'asseoir.

« Contre le mur derrière les colonnes, ce sera bien », a-t-elle dit.

Svante a hoché la tête.

Elle lui a ensuite demandé de prendre une photo d'elle près de la balustrade devant le pont.

Elle portait un T-shirt noir orné d'un avion barré sur la poitrine.

Comme un panneau de signalisation routière.

Avant de repartir, elle s'est arrêtée un moment près de la statue du renard qui mendie sous sa couverture.

Elle a regardé Drottninggatan. Le pont. Le Parlement, de l'autre côté du Stockholms Ström.

« Personne n'a jamais fait ça, vraiment ? a-t-elle demandé.

— Non, je ne crois pas, a répondu Svante.

— Ce n'est pourtant pas compliqué. »

Puis elle est rentrée et a peint le panneau blanc en Isorel. Le panneau qu'elle avait acheté pendant les vacances, pour vingt couronnes.

Il fait assez beau en ce lundi matin. Le soleil se lève derrière Gamla Stan, le risque de précipitations oscille de faible à modéré. La piste cyclable et le trottoir sont bondés de gens qui partent travailler.

Comme les pistes cyclables et les trottoirs le sont toujours par un matin comme n'importe quel autre à la fin du mois d'août.

Un matin de rentrée tout ce qu'il y a de plus banal.

Arrivée devant Rosenbad, elle freine et descend de vélo.

Svante l'aide à prendre une photo avec son téléphone portable, puis ils attachent les vélos à la barrière et suspendent les casques au guidon. Elle fait un imperceptible signe de tête à son père et, l'énorme panneau dans les bras, elle contourne l'angle en suivant la piste cyclable qui pique à gauche autour du quartier des ministères.

« Va à l'école maintenant, hein ?! » crie Svante. Un peu par plaisanterie, mais pas totalement.

Elle ne réagit pas, elle continue à avancer.

Et là, en allant vers le pont près de Drottninggatan, elle franchit la frontière invisible qui interdit de faire marche arrière.

Elle passe le pont et entre sous les arcades, avance un peu dans Riksgatan, avant de s'arrêter et d'appuyer le panneau contre le mur de granit gris-rouge.

Elle pose ses prospectus.

S'assoit confortablement.

Elle demande à un passant de prendre une autre photo avec son portable, puis publie les deux sur les réseaux sociaux, avant de fourrer le téléphone dans le petit sac à dos mauve Björn Borg, que sa grand-mère maternelle lui a offert pour Noël il y a quatre ans.

Svante reste près des vélos jusqu'à ce qu'elle ait disparu. Un gros saumon saute hors de l'eau et s'immobilise un instant en plein vol, avant de rejoindre la surface.

À quelques centaines de mètres au-dessus de Helgeandsholmen, un rapace tourne sans cesse.

Peut-être un aigle.

Ou un balbuzard pêcheur ?

Il lâche la rambarde et gagne Fredsgatan, vers l'Expresso House près du ministère de l'Éducation. Il commande un grand lait d'avoine et s'assoit près de la fenêtre pour se mettre au travail.

Mais c'est difficile.

Au bout de quelques minutes, le premier partage sur Twitter a lieu. C'est Staffan Lindberg qui retweete sa publication.

Deux retweets suivent.

Et quelques autres.

Pär Holmgren. Stefan Sundström.

Les choses s'emballent. Elle a moins de vingt followers sur Instagram, pas beaucoup plus sur Twitter.

Mais tout change.

À présent, il n'y a plus moyen de faire marche arrière.

Une équipe chargée de réaliser un documentaire arrive.

C'est le cinéaste Peter Modestij, qui a appris par hasard, une semaine plus tôt, ce qui allait se passer quand il m'a appelée pour discuter d'un script qu'il est en train d'écrire. Toute la famille l'a lu pendant l'hiver, et il a fait très attention à notre collaboration puisque, à travers des articles de presse, il avait remarqué que Greta était très proche du personnage principal de son long-métrage à venir.

Il a réussi à convaincre une maison de production de venir filmer pendant deux jours la grève scolaire de Greta, à tout hasard.

Le copain de Peter, Nathan Grossman, qui a réalisé avec Henrik Schyffert le documentaire sur les élevages de porcs que SVT a diffusé, est là aussi. Il salue Greta et lui demande si elle est d'accord pour qu'ils la filment.

Elle n'y voit aucun inconvénient, et ils lui installent un micro.

La caméra tourne. Désormais, tout ce qui se dit et se fait est attesté par le son et l'image.

Mais Greta se soucie de leur présence comme

d'une guigne. Elle pense simplement qu'elle doit rester assise là et observer ce qui se passe.

Et c'est ce qu'elle fait.

Seule, appuyée contre le grand mur.

Personne ne s'arrête.

Certains jettent un coup d'œil gêné, mais la plupart choisissent de regarder ailleurs.

Ils ont des choses plus importantes à faire.

Et c'est plutôt pénible, tout ça.

Deux dames d'un certain âge s'arrêtent et lui expliquent qu'elle doit aller à l'école, qu'elle devrait se concentrer sur ses études. Elles manifestent leur inquiétude pour son avenir et la suite de son parcours scolaire.

Un homme entre deux âges, Ingmar Rentzhog, arrive et se présente. Il filme Greta et demande s'il peut diffuser le film sur Facebook.

Elle hoche la tête.

Pendant ce temps, le tweet et les publications Instagram de Greta sont devenus viraux.

Svante appelle pour dire que *Dagens ETC* a entendu parler d'elle et qu'ils sont en chemin. Tout de suite après, c'est *Aftonbladet* qui se manifeste, et Greta est très surprise que tout aille aussi vite. Heureuse et surprise.

Elle ne s'attendait pas à ça.

Le photographe Anders Hellberg, de la revue écologiste *Effekt*, arrive et commence à prendre des photos. Il tourne, cherche des angles de prise de vue.

Mais pour l'essentiel il reste au milieu de la rue, où les gens passent.

L'appareil à la main, il rit. Pendant des heures.

« Voilà », dit-il quand d'autres personnes s'arrêtent pour commencer à discuter autour de Greta. Il a la tête et l'appareil tournés vers la scène que Greta et tous les passants jouent devant lui.

« Voilà ! » répète-t-il, encore et encore. Avant d'émettre le rire le plus heureux qu'on puisse imaginer.

Pas mal de gens comme lui passent. Des gens qui triment depuis des décennies dans leur lutte pour que la crise climatique soit connue du grand public.

Ivan et Fanny, de Greenpeace, arrivent et demandent à Greta si tout va bien.

« On peut aider d'une façon ou d'une autre ? demandent-ils. Tu as l'autorisation de la police ? » demande Ivan.

Elle ne l'a pas. Elle fait *la grève pour le climat* et ne semble pas s'être demandé s'il fallait une autorisation pour ce genre de chose.

Mais manifestement il en faut une.

« Je vais t'aider », répond-il avant de lui expliquer les grandes lignes des droits et des possibilités de la démocratie.

Mais Greenpeace n'est pas la seule, loin de là, à offrir son soutien.

Tout le monde se joint à elle.

Tout le monde veut faire tout son possible pour aider.

Mais Greta n'a pas besoin d'aide.

Elle se débrouille toute seule. Les magazines l'interviewent, les uns après les autres.

Rien que le fait qu'elle discute avec des inconnus sans que cela l'affecte représente un progrès tout à fait improbable pour nous, ses parents.

Tout le reste vient en supplément.

Svante reçoit sur son téléphone un lien vers la première interview, et il la lit sur *Dagens etc.*

Il la lit encore une fois.

Et il ne comprend pas comment ç'a été possible, mais c'est la meilleure interview sur le climat qu'il ait jamais lue.

Les réponses sont limpides et tranchent nettement dans le vacarme.

Comme si sa fille n'avait rien fait d'autre que se laisser interviewer par des magazines.

En revanche, elle ne mange rien au déjeuner, ce jour-là.

Elle n'a pas eu le temps. Et ce n'était pas facile, avec tous les gens qui regardaient.

C'est un gros problème, mais elle a pu manger après être rentrée à la maison cet après-midi.

Avant qu'elle ait enfin pu sauter de son vélo, un journaliste des informations de P3 se présente et explique que Greta a été beaucoup partagée sur les réseaux sociaux ce jour-là.

« Cool, réagit Greta.

— Mais vraiment, *beaucoup* partagée, insiste le journaliste. On peut te poser quelques questions ? »

Il est largement plus de 15 heures et la journée de classe est finie depuis longtemps.

« Je suis désolé, répond Svante, mais je crois qu'elle est assez fatiguée.

— C'est d'accord », le coupe Greta.

Elle donne une autre interview avant de rentrer à la maison.

Elle est heureuse. Tout son corps l'exprime. Elle a l'air de bomber le torse sur son vélo en s'en allant.

SCÈNE 94

Un mouvement

On dit qu'à partir du moment où une personne qui fait quelque chose seule reçoit la compagnie d'une autre personne, un mouvement est né.

Le cas échéant, le mouvement mondial de grève scolaire est né dès 9 heures le deuxième jour de la grève scolaire de Greta.

C'est ce jour-là que Mayson, en troisième à l'école de musique Adolf Fredrik, demande s'il peut s'asseoir et tenir compagnie à Greta. Elle hoche la tête.

Et à partir de ce moment-là, elle n'est plus jamais seule.

Deux autres collégiennes arrivent et s'assoient sur les pavés froids.

Un étudiant de l'université de Stockholm.

Un trentenaire qui a quitté son poste de professeur de français à Göteborg et a fait le trajet jusqu'à Stockholm.

« On va sûrement me virer, explique-t-il, mais ça n'a aucune importance, parce que quelque chose doit se produire. Il faut que quelqu'un agisse. »

Dagens Nyheter et TV4 arrivent. Les enseignants de Greta les rejoignent et sont interviewés pour les informations.

« En tant qu'enseignante, je ne peux pas soutenir cette initiative, répond l'une d'entre eux. Mais en tant que personne, je comprends très bien pourquoi elle le fait. »

Sa déclaration est coupée d'une façon qui ne reflète pas très bien sa position neutre, et au cours des semaines qui suivent, on la charrie et on la boude sur son lieu de travail, à tel point qu'elle est contrainte de se mettre en arrêt maladie.

Les premiers détracteurs commencent à prendre de l'assurance, et Greta est ouvertement moquée sur les réseaux sociaux. Elle est raillée par des trolls anonymes, par l'extrême droite. Et elle est moquée par des parlementaires issus de partis pour lesquels plusieurs de ses proches votent. Des représentants pour lesquels une majorité écrasante de ses voisins votent.

C'est visible également dans les yeux de beaucoup de ceux que nous croisons dans la rue, au supermarché.

Les commentaires railleurs et dépréciateurs, savamment étudiés, des politiques sont de petites graines soigneusement plantées dans le terreau fertile des réseaux sociaux, et elles produisent rapidement des tiges solides faites de la haine et du mépris les plus intenses. Mais c'est tout sauf une surprise.

En revanche, Greta ne s'attendait pas à ce que cette haine et ces moqueries puissent venir de personnes proches de notre famille. Y compris de membres de la famille.

« Si on n'a pas de connaissances solides en matière de crise climatique, je suis évidemment complètement incompréhensible, et je sais bien que presque personne ne se doute de l'existence de cette crise », répète-t-elle.

Elle répète beaucoup de choses.

Comme un mantra.

« La grève scolaire est politiquement indépendante, et chacun est le bienvenu », répète-t-elle pour la énième fois à un piéton qui se demande si l'initiative est politique.

Svante passe voir si tout va bien.

Il le fait à plusieurs reprises chaque jour.

Greta est debout, appuyée contre le mur, entourée d'une dizaine de personnes. Elle a l'air stressée. Le journaliste de *DN* demande s'ils peuvent réaliser une interview filmée et, du coin de l'œil, Svante voit qu'il y a un problème.

« Attendez, je vais vérifier. » Il conduit Greta derrière une colonne sous les arcades. Elle est tendue comme une corde de piano. Elle respire rapidement, et Svante lui dit qu'il n'y a aucun danger.

« On va rentrer à la maison, OK ? »

Greta penche la tête sur le côté. Elle pleure.

« Tu n'as pas besoin d'en faire autant. Tu as déjà fait plus que tous les autres. On s'en fout et on rentre à la maison. »

Mais Greta ne veut pas rentrer. Elle reste tout à fait immobile pendant quelques secondes. Respire. Puis elle parcourt un petit cercle et semble évacuer toute la panique et toute l'angoisse qu'elle a toujours portées en elle.

Puis elle s'arrête, le regard braqué droit devant elle.

Sa respiration est toujours rapide, et les larmes coulent sur ses joues.

« Non », lâche-t-elle. Puis elle émet un gémissement. Comme un cri. Un animal. Tout chancelle.

Vacille.

« Non, répète-t-elle.

— Tu veux arrêter ? demande prudemment Svante. Tu es vraiment certaine ? »

Greta essuie ses larmes et grimace.

« Il faut que je le fasse », répond-elle.

Et elle se détourne. Son corps est tout à fait détendu, elle lance un rire décontracté vers les journalistes qui attendent de l'autre côté de la rue piétonne.

Greta retourne à sa grève, et Svante suit le moindre mouvement. Pendant plus d'une demi-heure, il observe sa fille depuis son poste derrière la colonne. Il se dit qu'elle va partir en courant d'une seconde à l'autre. Qu'elle peut, à tout instant, être submergée par le stress et la peur.

Mais il ne se passe rien.

Elle ne fait que discuter calmement avec les journalistes. Les uns après les autres.

Svante se dit qu'elle doit aller super mal, qu'elle devrait renoncer et s'en aller. Mais Greta reste.

Elle est au beau milieu de l'attroupement.

De temps en temps, son regard parcourt la façade du Parlement. Elle a l'air plus détendue que le premier jour, et une personne qui regarderait très, très attentivement verrait qu'elle sourit, un sourire presque invisible. Comme si elle savait une chose que personne d'autre ne sait.

Puis, quand les journalistes sont partis, elle s'assied confortablement sur son petit coussin bleu et lit ses manuels, pour ne pas prendre de retard dans son travail scolaire.

Elle lit *Maman se marie*, de Moa Martinson, pour le cours de littérature suédoise. Elle lit son livre d'éducation civique sur le déroulement des élections législatives et sur le fonctionnement du gouvernement, du Parlement, des commissions et des ministères.

Elle lit son manuel de biologie sur les gènes et l'hérédité.

Elle ne se sert de son téléphone que pour publier la photo du jour de sa grève sur Twitter et Instagram, puisque c'est l'heure des cours et qu'*en cours, on ne doit pas utiliser son portable*.

À 15 heures, elle remballe ses affaires et rentre à vélo à la maison.

SCÈNE 95

Le troisième jour

Nous surveillons aussi étroitement que possible l'état de Greta. Mais nous avons beau écarquiller les yeux, nous ne constatons qu'une chose : elle va bien. Et même mieux que ça. Elle fait sonner son réveil à 6 h 15 et se lève avec joie. Elle est heureuse de rejoindre le Parlement à vélo, heureuse de rentrer à la maison dans l'après-midi.

L'après-midi, elle lit à toute vitesse ses leçons et contrôle les réseaux sociaux.

Elle se couche à l'heure, s'endort immédiatement et dort tranquillement toute la nuit.

Sur le plan de l'alimentation, en revanche, ça n'avance pas. Pas pendant la grève, en tout cas.

« Il y a trop de monde et je n'ai pas le temps. Tout le monde veut parler, en permanence. »

Elle emporte de la pâte de haricot cuite, mais ce n'est pas facile d'en profiter.

Alors à la place, elle bénéficie d'un repas supplémentaire quand elle rentre à la maison.

« Il faut que tu manges, lui rappelle Svante. Ça ne fonctionnera pas si tu n'arrives pas à manger. »

Greta ne répond pas.

La nourriture est un sujet délicat. Le plus compliqué qui soit. Ça l'est depuis plusieurs années, et il n'y a aucune solution adéquate en vue.

Mais le troisième jour, il se passe quelque chose.

Ivan, de Greenpeace, repasse. Il tient une petite boîte en plastique blanc.

« Tu veux manger, Greta ? Ce sont des nouilles. Thaïlandaises. Véganes à 100 %. Tu en veux ? »

Il tend le sachet, Greta renifle et tend le bras.

Elle ôte le couvercle et renifle à plusieurs reprises.

Elle scanne la nourriture avec son nez.

Puis elle prend une petite bouchée. Et une autre. Personne ne réagit à ce qui se passe, bien sûr. Pourquoi les gens le feraient-ils ? Pourquoi devrait-il être remarquable qu'une enfant soit assise par terre, parmi tout un tas d'autres personnes, pour manger un plat végane thaïlandais ?

Greta continue à manger. Pas seulement quelques bouchées, mais presque toute la portion, et la scène qui se déroule sur les pavés devant le panneau de grève scolaire change absolument tout. Les livres scolaires vont à la poubelle et les cartes sont brouillées.

Un moment après, un homme arrive avec des boîtes de produits d'une grande chaîne de fast-food. Il distribue des hamburgers, des frites, des glaces et des sodas à tous ceux qui en veulent.

« Ce sont des hamburgers véganes et végétariens », explique-t-il fièrement en déposant six ou sept cartons frappés du logo de l'entreprise au milieu des enfants.

« Je ne crois pas que ce soit une bonne idée », réagit Greta en essayant d'expliquer la situation aux enfants. Mais sa voix ne porte pas, les enfants ont trop faim et son message se perd.

Tout est englouti.

Quand Svante passe contrôler que tout va bien, tout a été consommé et le type discute gaiement avec tous ceux qui l'entourent. Svante se présente, prend le type à part et lui explique.

« Greta a clairement fait comprendre qu'elle ne voulait aucun sponsoring, alors je vous propose d'emporter vos caisses et de ne pas proposer à manger aux enfants quand ils font la grève.

— Mais que vont-ils manger, alors ?

— Ils vont trouver. Mais puisqu'il y a plein de caméras, ici, Greta refuse que quiconque vienne exposer ses produits, ça pourrait être mal interprété. Elle l'a déjà dit. »

Svante détaille les grandes lignes que suit Greta. *Pas de sponsoring, pas de publicité et pas de logos de partis politiques.* L'homme est un peu provoqué et commence à raconter quelles sommes sa société a investies dans l'offre de substituts végétariens, et que leurs hamburgers sont *climatiquement neutres* puisqu'ils sont très investis dans le reboisement de l'Afrique de l'Ouest. Il ajoute qu'il travaille dans la durabilité depuis plus de vingt ans.

« D'accord, mais il n'empêche que vous êtes ici sur votre temps de travail pour représenter une société dont la principale source de revenus a toujours été d'abattre des bovins et de vendre la viande des animaux morts à une chaîne de fast-food qui se développe à grande vitesse. Et ça n'a rien à voir avec des enfants qui font la grève pour le climat.

— Je vois. Mais les gens doivent manger, et nous faisons tous partie du même système. »

Il baisse un doigt sur les chaussures de Svante.

« Vous portez des chaussures de sport. Elles ne sont pas durables non plus.

— Certes, mais vous ne pouvez pas comparer le fait que je porte des chaussures de sport avec celui d'être sponsorisé par une chaîne de fast-food en pleine expansion qui gagne des centaines de millions en vendant des hamburgers. »

Le type ramasse ses caisses et ses verres et s'en va.

Après la scène des hamburgers, Greta interdit à Svante d'approcher de la grève. Elle veut prendre les choses en main et refuse que quelqu'un d'autre parle en son nom.

Greta ouvre son livre d'éducation civique au chapitre sur la Constitution suédoise et s'assied bien confortablement à côté du panneau noir et blanc de grève scolaire.

Quelques appelés du corps de garde passent. De jeunes gens en uniforme de camouflage – chacun avec un petit drapeau suédois cousu en haut des manches. Ils voient Greta, mais regardent ostensiblement ailleurs. Comme pour souligner que dans leur monde il n'y a toujours absolument aucun doute sur qui défend qui.

Dans l'après-midi, le type aux hamburgers demande à Greta sur Instagram s'il est exact qu'elle refuse qu'il propose à manger aux enfants qui font la grève avec elle.

« Vous êtes chaleureusement invité à nous offrir de quoi manger, répond-elle. Mais, le cas échéant, des produits qui ne viennent pas d'une société pour laquelle vous travaillez. »

Il répond que ça ne va pas être évident pour lui.

SCÈNE 96

De plus en plus forte

Je le jure. Tous les parents dont les enfants ne parlent pas aux gens depuis des années et ne peuvent manger que quelques rares choses à des endroits bien définis sont très heureux quand ces complications disparaissent sans crier gare. Je vous assure qu'en tant que parent on considère ces changements comme une chose très positive. Presque comme un conte de fées. De la magie.

Indépendamment de ce qu'écrivent des conservateurs vieillissants sur les réseaux sociaux ou dans leurs éditoriaux.

D'aucuns pensent que *quelqu'un est derrière toute chose*. Un bureau de relations publiques.

Mais il n'en est évidemment rien.

L'été passé de Greta ne s'est pas déroulé dans une succession de réunions secrètes, derrière d'épais rideaux dans des bureaux obscurs d'agences de publicité ou de relations publiques, où on l'entraîne à falsifier son histoire, ses opinions et ses évaluations. Tout ça sous l'influence des mondialistes, d'économistes fourbes de gauche et de George Soros. Ben voyons.

Tout ça pour renforcer l'influence de l'État et augmenter notre pression fiscale totale. Tout ça pour la mise sur pied du super-État mondial fasciste.

Chaque théorie de la conspiration est pire que la précédente.

Greta n'a pas sacrifié quatre ou cinq années infernales à simuler diverses difficultés fondamentales pour lancer à présent les conspirations les plus malignes au monde.

En revanche, ils sont très, très nombreux à être derrière elle. Tous ceux qui luttent et triment depuis des décennies pour exposer la question du climat se joignent à la cause. Comme ils l'ont toujours fait.

Les canaux sont là depuis le tout premier jour. Et pour une raison ou une autre, ils ont l'air de mieux fonctionner pour elle que pour la grande majorité des causes qui ont été soulevées exactement de la même façon par le passé.

Tous sont derrière Greta.

Tout comme Greta est derrière eux.

Tout le monde soutient tout le monde.

« Si les choses ont pris une telle importance, c'est sans doute parce qu'il s'agit de la principale question à laquelle l'humanité doit faire face, et qu'elle est totalement ignorée depuis plus de trente ans », dit Greta.

Mais aucun des sceptiques n'écoute le moindre mot de ce qu'elle dit. La question de la durabilité les laisse complètement indifférents.

SCÈNE 97

Dans la lumière des projecteurs

L'énergie de Greta augmente de jour en jour.

Elle explose littéralement.

Il ne semble pas y avoir de limites, et même si nous essayons de la retenir, elle continue quand même. De son propre chef.

Après une journée complète passée devant le Parlement pour y enchaîner les interviews, elle insiste pour participer à une table ronde à la Maison de la culture. Elle rentre à la maison, mange et reprend son vélo jusqu'à Sergels Torg, et grimpe rapidement l'escalator. La salle est pleine à craquer. Greta se voit poser un micro et monte sur scène. Reçue comme une rock star, elle s'installe sans broncher sous les projecteurs, à côté du météorologue Pär Holmgren, du professeur émérite Staffan Laestadius et des représentants scientifiques des deux principaux partis politiques suédois.

Greta prend la parole et expose sans détour la situation.

Nous sommes dans une crise aiguë, et rien n'est fait pour gérer cette crise.

Staffan Laestadius est du même avis que Greta.

Ce sont des mots extrêmement durs qui sont prononcés sur scène.

Des mots sans concession.

La conversation est à la fois pleine d'espoir et décisive.

C'est une histoire nouvelle – bien que les mots et le contenu soient les mêmes qu'avant.

« C'est aussi grave que ça, abonde Pär Holmgren. Je le dis depuis plus de dix ans, et, très honnêtement, je ne sais pas si nous réussirons à régler cette crise. Mais comme je le répète toujours, il n'est jamais trop tard pour faire autant que nous le pouvons. »

Le politique réagit au quart de tour. Il est provoqué, en colère devant ce qui a été dit jusque-là.

« Nous devons travailler à donner de l'espoir aux gens », réplique-t-il en prenant nettement ses distances par rapport à tout ce qu'il a entendu ce soir.

La représentante politique a une tout autre réaction. Elle se met à pleurer. Elle sanglote sans rien y pouvoir dans ses mains en coupe. Ne parvient pas à prononcer le moindre mot.

Tout est très inattendu.

Elle sort un petit morceau de papier et, pendant quelques secondes, reste totalement interdite. Dans le public, Svante se dit qu'il y a enfin eu une réaction authentique, parfaitement humaine.

Le schéma se brise, et c'est heureux, d'une certaine façon.

Il veut la voir rester dans cet instant.

Il veut voir ce qui va arriver si elle cède et si elle ose regarder le précipice, sans détourner le regard.

Il veut voir ce qui va arriver si elle se rend.

Si nous osons tous reconnaître nos échecs respectifs.

Arrêtez tout.

Mais elle se ressaisit, bien sûr. Elle range son mouchoir et commence à parler de nos défis collectifs : les possibilités, les offres d'emploi et la croissance verte.

Une croissance verte et éternelle.

En descendant l'escalator, Greta se tourne vers Pär Holmen :

« Bon sang, c'est pire que ce que je croyais. Ils ne se doutent vraiment de rien. Les politiques ne se doutent vraiment de rien.

— Non, concède Pär avant de réfléchir pendant quelques secondes. Je crois qu'ils ont une très grande habitude d'être entourés de représentants de l'économie et des lobbies. Des gens qui ont toujours une réponse, à toutes les questions. Qui disent toujours que tout va s'arranger.

— C'est comme si les politiques devaient toujours être capables de répondre aux questions, et ne jamais avoir le droit de dire qu'ils ne savent pas. Même quand ils n'y connaissent rien.

— C'est sûrement le cas, rit Pär, silencieusement, comme à son habitude.

— Mais ce n'est pas malin du tout. »

Non, ça ne l'est pas.

Svante et Greta passent avec leurs vélos devant Åhléns et continuent vers le viaduc de Klarastrand.

« Tout le monde a l'air de ne penser qu'à l'espoir. Mais que fait-on s'il n'y en a pas ? demande

Greta. Est-ce qu'il faut mentir ? L'espoir, sans que des actes suivent, ne durera pas, et que fera-t-on à ce moment-là ? Quand cet espoir dont tout le monde parle aura disparu ? Quand quelques années supplémentaires se seront écoulées et que nous n'aurons toujours pas mis en place le gigantesque changement nécessaire, et que l'espoir sans lequel nous n'y arriverons manifestement pas se sera évanoui ? Il faudra abandonner ? Nous allonger et attendre la mort ? »

Des voitures passent. Un bus vide des transports en commun de la ville avance à grand bruit de ferraille vers Bolindersplan et Kungsholmsgatan.

« Et de quoi parlons-nous, en réalité, quand nous parlons d'*espoir* ? poursuit-elle. Ce qu'on appelle *espoir* est très loin de la représentation que j'en ai. Pour moi, ce serait que les politiques convoquent une réunion de crise extraordinaire et qu'il y ait des flashs spéciaux sur la crise climatique dans le monde entier. »

Ils poussent les vélos jusqu'en bas de l'escalier de Kungsholms Strand, et rentrent en pédalant. Greta va tout de suite s'asseoir dans le canapé avec Moses et Roxy, et regarde des vidéos d'animaux sur son portable.

Des chiens dansent sur YouTube, sur un rythme de house monotone. Greta en pleure de rire.

SCÈNE 98

Jay-Z

« Danser, c'est comme respirer », déclare Beata. Et elle danse tout le temps. Parfois plus de dix heures par jour.

Quand elle ne danse pas, elle chante. Ou joue une scène de théâtre.

Elle a une volonté et une énergie énormes quand elle a l'occasion de faire ce pour quoi elle est douée.

Dans le cadre d'un travail de groupe à l'école avant les élections législatives, les élèves doivent filmer une séquence sur téléphone, et nous voyons l'extrait dans lequel elle rappe et parle en regardant l'objectif bien en face. C'est une publicité fictive pour un parti politique fictif, mais le résultat est stupéfiant. Ses dons naturels pour le théâtre donnent l'impression de respirer de l'air frais.

Tout trouve enfin sa place.

Il n'en va pas de même à l'école. Il y a de nouveaux enseignants chaque semestre. De nouveaux stagiaires chaque mois. De nouvelles classes.

Et chaque semaine, il y a un nouveau formulaire à télécharger sur la page de la Ville de Stockholm. C'est une procédure qui prend entre cinq et dix minutes pour une personne habituée à l'informatique et qui possède une identité bancaire numérique. Pour moi, c'est une horreur.

Pour Beata aussi.

C'est comme si l'école posait sciemment un obstacle pour défavoriser tous ceux qui aiment les routines immuables.

Tous ceux qui n'aiment pas les changements permanents.

Il n'y a aucune limite au nombre de perceptions que les enfants peuvent emmagasiner.

Tout et tout le monde doit se trouver en permanence dans un mouvement qui ne ralentit jamais.

Chaque semaine, de nouvelles choses sont prévues, et elles exigent toutes de petites expéditions un peu partout en ville.

Des sorties.

Des visites.

Des variations.

Des voyages et des échanges potentiels parce que *c'est quand même fantastique que les enfants aient la possibilité de découvrir de nouveaux endroits et peut-être de rencontrer des enfants venus d'autres pays.*

Comme si ces possibilités n'existaient pas dans n'importe quel voisinage européen ?

Mais il faut que ce soit le bon type de rencontres, bien sûr. Le bon type d'endroits. Le bon type de parents. Et le bon type d'enfants.

Le pire, ce n'est pourtant pas que ça arrive.

Ce n'est pas non plus que les écoles n'ignorent pas la problématique selon laquelle plein d'élèves sont défavorisés par le rôle supérieur de la compétence sociale dans la création de la norme flexible et extravertie dont les photos des élèves pleins d'avenir sont empreintes.

Le pire, c'est que plein d'élèves savent que c'est fait en toute connaissance de cause.

Surtout les élèves qui sont le plus durement touchés.

Ils savent.

Ils comprennent la trahison.

Ils comprennent que leurs échecs respectifs sont orchestrés en faveur des triomphes quotidiens des vainqueurs extravertis.

Un jour, Beata va tenir compagnie à Greta devant le Parlement.

Mais c'est le truc de Greta.

Pas le sien.

Toute cette agitation soudaine autour de sa grande sœur n'est d'ailleurs pas facile à gérer.

Beata voit que Greta a subitement des milliers de followers sur Instagram, et c'est complètement déconnant, c'est notre avis à tous.

Mais Beata le gère bien.

Très bien.

Même quand son propre flux ne contient plus que des commentaires sur Greta, et passe-lui le bonjour et patati et patata. D'un coup, tout le monde n'a d'yeux que pour Greta, Greta et encore Greta.

« C'est complètement insensé, déclare Beata un après-midi en rentrant de l'école. C'est exactement comme Beyoncé et Jay-Z, constate-t-elle avec amertume. Greta, c'est Beyoncé. Et moi, je suis Jay-Z. »

SCÈNE 99

Crime contre l'humanité

L'humanité va vers un échec. Chaque semaine, de nouveaux chiffres et de nouveaux rapports tombent pour confirmer d'une seule et même voix que nous allons dans la mauvaise direction.

Et à la vitesse maximale, qui plus est.

Chaque semaine, le message des chercheurs est de plus en plus clair.

Tout est de plus en plus noir ou blanc.

Nous nous demandons : Qui est le plus coupable ?

Le secteur du pétrole et de l'énergie ? Le textile, les chaînes de fast-food ? L'industrie forestière ou l'élevage industriel ? Des secteurs qui font tout leur possible – dans le cadre de la loi – pour vendre autant que possible ? Pour maximiser leur rendement et les dividendes de leurs actionnaires ?

Sont-ce les politiques – qui font tout pour être réélus aux élections suivantes ?

Sont-ce les journaux – qui doivent dégager des bénéfices pour survivre ? Qui doivent écrire ce que nous voulons tous lire ?

Sont-ce les gens comme les autres – qui consomment un peu plus chaque jour pour continuer à faire fonctionner des vies de moins en moins raisonnables ?

Est-ce moi – qui ai eu la possibilité d'agir, mais qui ai choisi de faire confiance aux politiques, à l'économie et aux rapports des médias de masse ?

Sont-ce les chercheurs – qui manquent le plus souvent de compétences pour communiquer leurs résultats ? Et dont les compétences éventuelles en sciences du comportement ont été formatées pour parler d'une crise qui nous frappera dans vingt ou trente ans – mais qui a soudain lieu ici et maintenant. Bien avant ce que tout le monde avait prévu. Bien avant ce qu'une grande partie des recherches précédentes avait supposé.

Est-ce le service public – complètement indépendant sur le plan économique et censé examiner tous les aspects de notre société et leur incidence pour les générations à venir ?

SCÈNE 100

Être entendu provoque la haine

Bien que Greta répète à l'envi que la crise climatique ne peut être réglée que par le biais de la démocratie, elle est constamment accusée de prôner *la dictature climatique*.

Bien qu'elle ne cesse de répéter qu'il n'y a pas de solutions dans les systèmes politiques et économiques actuels, elle est accusée de ne pas avoir de réponse.

C'est une stratégie consciente, évidemment.

Car il ne s'agit pas d'écouter et de trouver d'éventuelles solutions. Il n'en a jamais été question. Car qui voudrait la solution d'une crise qui n'existe pas à ses yeux ? Qui ne peut pas exister, car, si elle existait, ça impliquerait qu'il faut tout changer ?

Si la crise climatique devait être la crise existentielle décrite par l'ensemble des chercheurs, cela impliquerait que l'ordre mondial actuel est responsable d'un échec aux conséquences cosmiques, rien de moins. Et une menace bien supérieure à tout ce que l'humanité a pu rencontrer jusqu'à présent.

Cette idée est impensable pour celui qui ne veut voir aucun changement d'ensemble.

Il vaut alors mieux parler de lois et de règles.

Ou de sécurité.

De criminalité, de réfugiés, de travail et d'argent.

Toujours d'argent.

Car il ne peut quand même pas y avoir de problème quand tout ne fait que s'améliorer, grossir, se renforcer et accélérer ?

Pas de problème sérieux, en tout cas ?

Hormis les enfants, donc.

Car si l'on suit la logique des critiques, un enfant de quinze ans ne peut plus penser par soi-même, bien qu'il soit doté d'une capacité de données illimitée et connecté en permanence aux sources de connaissances digitales du monde entier.

En effet, les enfants ne suivent pas le reste de l'évolution de la société de croissance. Ici, l'évolution va dans la direction opposée, d'après les critiques contre la grève scolaire.

Les adolescents de quinze ans d'aujourd'hui sont incapables de maîtriser quoi que ce soit, alors qu'autrefois, certains étaient mères, ouvriers, soldats, autonomes.

Et il n'y a absolument aucune exception – tant qu'ils ne pensent pas comme certains adultes voudraient qu'ils pensent, bien sûr. De toute façon, les jeunes devraient aller à l'école et apprendre à avoir honte.

S'ils veulent sauver le monde, ils doivent, en premier lieu, décrocher un diplôme digne de ce nom pour que tout soit réellement fait dans les règles de l'art. Ils pourront alors faire des études d'ingénieur et de chercheur, pour entrer dans la vie professionnelle dans dix ou quinze ans et se démarquer pour de bon.

Aucun de ces critiques ne veut admettre qu'à ce moment-là il sera un peu trop tard.

Car ce genre de crise climatique – qui nécessite des actes et des changements – n'existe pas, comme on l'a dit. Et c'est probablement là que se trouve la nature géniale de la grève scolaire.

C'est juste assez évident et provocant.

L'heure tourne. Le temps nous file entre les doigts, et qu'est-ce qui peut l'illustrer de façon plus claire que l'éducation de nos enfants ?

Quelles études doivent-ils faire ?

Et pourquoi ?

Le temps qui nous reste pour agir et pour changer radicalement la société est soudain plus court qu'une scolarité moyenne entre l'école maternelle et le collège.

Et aucun changement de fond ne se profile à l'horizon…

Que doivent faire les enfants, alors ?

Quand leurs perspectives les plus fondamentales leur sont volées ?

Ils ne peuvent même pas voter.

Encore moins influencer la vie économique, la recherche, les médias ou les décisions politiques.

Les plus touchés sont privés de la possibilité d'influencer.

Notre confort s'oppose soudain à leur avenir.

Tout ce que nous *devrions* pouvoir faire.

Notre penchant pour les loisirs face à leurs conditions de survie.

Notre croissance au détriment de leur monde.

Nos hobbies face à leurs droits humains fondamentaux.

C'est infiniment tragique que nous ayons déjà, et depuis longtemps, fait exactement la même chose à l'encontre des gens des régions pauvres du monde.

Mais de toute évidence, cet argument est sans effet.

Car nous nous en moquons.

Nous n'avons rien à faire de ces gens-là.

En revanche, la plupart d'entre nous ne peuvent pas ignorer aussi facilement leurs propres enfants et petits-enfants.

La grève scolaire a l'air de fonctionner.

Les contradictions entre notre abondance et l'héritage que nous allons laisser aux générations à venir créent juste assez de frictions et de résistance pour qu'apparaissent sans cesse de nouveaux débats et de nouvelles connaissances.

De nouveaux points de vue.

C'est complètement involontaire, bien sûr.

Car on ne peut pas planifier ces choses-là.

Elles ne font que se produire.

Une chance sur un million.

Peut-être même sur un milliard.

Les enfants grévistes disent que la solution de la crise est de gérer la crise comme une crise. Cette idée n'est pas vraiment nouvelle.

Mais comme on l'a dit, ce n'est pas de cela qu'il est question. Il ne s'est jamais agi de présenter des modes de pensée alternatifs, des changements de système ou de nouvelles solutions.

Tout ce qui compte, c'est que la grande majorité souhaite continuer exactement comme par le passé.

Notre peur humaine du changement.

Et le fait que cette énergie coïncide avec la conservation de l'équilibre des forces actuel, au profit des plus privilégiés, est quand même très pratique pour ceux qui ont la chance de faire partie de ce petit groupe de gens triés sur le volet.

C'est fascinant qu'ils réussissent à enrôler autant de personnes en colère, amères, blanches, sous-payées et exploitées pour combattre à leurs côtés.

Une espèce d'impasse de l'humanité, qui n'est peut-être pas si mystérieuse qu'on le croit ?

Car si l'actuel ordre du monde fait de vous un vainqueur, vous irez bien sûr très loin pour le préserver. Et qu'est-ce qui peut être mieux que d'inciter même les *perdants* de ce même ordre mondial à combattre pour la même cause ?

Une défaite est toujours relative, et nous sommes tous plus ou moins des *perdants* en fonction du point de vue.

La base de recrutement est pratiquement infinie et la recette est ridiculement simple. Il importe seulement de trouver le plus de monde possible pour défendre sa petite part d'univers.

Son boulot. Son logis. Son voyage de vacances. Son intérêt pour les moteurs. Son argent.

Il importe d'effrayer autant de gens que possible avec la menace d'un changement et d'une aggravation. Et de le faire suffisamment pour qu'ils soient en principe prêts à faire n'importe quoi pour défendre leur microscopique morceau du monde ; défendre les multinationales contre tout et tous ceux qui représentent une menace contre la stabilité.

Les migrants, les réfugiés, les libéraux, les socialistes, les féministes et les activistes.

La méthode est aussi simple qu'efficace.

Aussi brillante que totalement stupide.

Greta provoque. En tout cas au point que beaucoup de personnes habituellement respectées perdent le contrôle de leurs actes. Elle ne dit pas seulement que tout doit changer. Elle est aussi autiste. Et elle a même le courage de plaisanter sur la question.

Ça dérange.

C'est complètement incompatible avec le manifeste non écrit de la société de compétition, où le plus fort doit toujours gagner.

C'est le plus fort qu'on doit écouter.

C'est le plus fort qui doit définir l'agenda.

Ainsi sont les lois du marché.

Mais sur les pavés devant le Parlement, ce sont de tout autres règles qui prévalent.

La fille invisible qui ne dit jamais rien est soudain celle qu'on écoute et qu'on voit le plus, et c'est bien sûr trop gênant pour que tout le monde fasse comme si de rien n'était.

La haine se renforce de minute en minute.

Histoires, mensonges, attaques personnelles.

Mais l'arme essentielle est bien entendu *l'omission consciente des faits*.

L'histoire et le passé de Greta sont publiés sur Internet, et, en utilisant un peu Google, on peut avoir connaissance de tous les faits établis pertinents. Mais quel intérêt quand les mensonges constituent une lecture beaucoup plus divertissante ? Quand l'omission consciente des faits rassemble davantage de public ?

SCÈNE 101

La première entrée

Les jours passent, et soudain ça fait deux semaines que Greta occupe sa place à cet endroit.

Chaque matin, elle s'en va à vélo vers le Parlement et l'attache à la rambarde devant Rosenbad.

Chaque matin, nous avons rendez-vous avec elle.

Nous qui sommes emplis d'autre chose.

Nous qui écoutons la radio dans nos voitures. Nous qui consultons nos portables dans les souterrains.

Nous qui rêvassons dans le bus pour oublier la réalité.

Nous qui parlons de notre dernier repas et du football que nous avons regardé.

Nous qui faisons le ménage dans nos maisons et nos appartements.

Nous qui nettoyons nos fenêtres, arrangeons nos coussins et rangeons nos étagères.

Nous qui supposons que tout est encore parfait.

The Guardian vient et publie la première grande interview étrangère. Quelques médias norvégiens et danois sont déjà venus pour publier des articles, mais à présent nous avons atteint un autre niveau.

Greta raconte son histoire à tous ceux qui le lui demandent, sans exception. Elle répond à toutes les questions, et consacre le temps qui lui reste à ses livres.

Tout le monde croit évidemment que l'immense voyage public de Greta a commencé sur le pavé devant le Parlement le 20 août 2018.

Mais il n'en est rien.

Il a commencé bien plus tôt.

Je lis une publication sur Facebook. Elle a reçu plus de onze mille *likes*, et Greta est félicitée dans des centaines de commentaires. Elle donne de l'espoir aux gens, et tout le monde a l'air d'écouter ses mots et ses idées. La publication n'est pas récente. Et elle n'a rien à voir avec sa grève scolaire.

Elle a été écrite de bonne heure le matin du 9 novembre 2016, et elle n'a jamais été modifiée.

Ce matin-là, Stockholm était noyée dans plus de 50 centimètres de neige fraîche et, quelques heures plus tôt, Svante était descendu du canapé pour se réfugier par terre, car on avait l'impression qu'un « vent glacial traversait l'appartement » depuis que le baromètre électoral avait soudain tourné en faveur de Donald Trump, au détriment de Hillary Clinton.

J'ai écrit :

Beaucoup de gens ressentent une peur intense en ce début de matinée. J'en fais partie. Mais nous ne céderons pas à la peur. Nous devons nous serrer les coudes. À droite et à gauche. Au-dessus des blocs politiques. Nous devons lancer un mouvement de résistance, ici et maintenant. Nous devons nous organiser contre les ténèbres et la haine qui sont apparues dans les failles les plus profondes de notre monde. Mais nous n'opposerons jamais à la haine, au racisme et au harcèlement le même genre de haine, de racisme et de harcèlement. Nous ne nous abaisserons jamais à la haine. Nous devons commencer à combler ces failles. Nous devons nous unir pour l'humanisme et pour la valeur égale de tous les individus. When they go low. We go high.

L'heure n'est pas au chagrin ou à la peur.

L'heure est à l'organisation.

PS : Ma fille aînée se passionne pour l'environnement. Elle est beaucoup plus instruite et savante que moi. Elle a toujours dit ceci : « L'état du climat est si mauvais que maintenant, le seul salut est sans doute que Donald Trump remporte l'élection – car ce n'est peut-être qu'à ce moment que les gens comprendront à quel point ça va mal. Quand un fou climatosceptique comme Trump gagnera et deviendra l'homme le plus puissant de la planète, alors peut-être que les gens se réveilleront et seront assez bouleversés pour entamer une gigantesque résistance nécessaire pour que nous accédions, à temps, à un véritable changement. » Ses mots semblent pleins d'espoir et précieux aujourd'hui. Je vais bientôt aller la réveiller. Mais j'ai tout cet espoir. Il est temps de commencer le combat. Pour elle et pour tous nos enfants.

Greta s'est réveillée en riant ce matin-là. Elle s'est frotté les yeux et a regardé le poster de la classification périodique des éléments au-dessus de son lit. Mais avant de réciter les noms des éléments comme elle le fait toujours juste après son réveil, elle a dit :

« C'est affreux, bien sûr. Mais c'est le seul moyen. Avec Clinton ou Obama, tout aurait continué comme avant. Trump, c'est le réveil. »

Je me dis que je vais partager cette publication encore une fois, pendant la grève scolaire, mais je me retiens.

Chaque chose en son temps, me dis-je.

Laissons-les cracher leur putain de haine maintenant, et on verra quel genre d'individus ils sont.

Dans notre famille, on le sait depuis longtemps.

Nous essuyons des menaces de mort sur les réseaux sociaux, nous trouvons de la merde dans la boîte aux lettres et les services sociaux nous informent qu'ils ont reçu de très nombreux signalements contre nous, en tant que parents de Greta. Mais ils font aussi savoir dans leur lettre qu'ils *EXCLUENT toute idée de mesure en conséquence*. Les majuscules nous semblent être un petit geste aimable de la part d'un fonctionnaire anonyme à la mairie de quartier de Kungsholmen. Et ça nous fait plaisir.

Mais je ne peux pas me défendre complètement contre la haine. Je ne peux pas la repousser. Car quelque part, je commence à comprendre qu'on va me prendre mon enfant. Elle ne va peut-être pas pouvoir continuer à vivre ici.

Être entendu suscite la haine.

Être vu suscite la haine.

Tout suscite une quantité de haine effroyable.

La haine ne connaît aucune limite.

Et ceux qui l'éprouvent ne cesseront jamais, jamais de haïr.

SCÈNE 102

Des pas en arrière

Ils sont de plus en plus nombreux à tenir compagnie à Greta devant le Parlement. Des enfants, des adultes, des enseignants, des retraités.

Le photographe Anders Hellberg est là chaque jour. Il prend des photos et les publie pour que tout le monde puisse les utiliser. Il ne veut pas un sou.

« Tous ceux qui le veulent peuvent utiliser ces images. C'est ma façon d'essayer d'aider. »

Un jour, une classe de maternelle entière s'arrête pour discuter, et Greta s'absente un moment.

Elle panique un peu.

Elle s'éloigne et se met à pleurer.

Sans pouvoir s'en empêcher.

Mais au bout d'un moment, elle se calme et revient saluer les enfants.

Plus tard, elle explique qu'elle a du mal à côtoyer des enfants, entre autres parce qu'elle en a de très mauvais souvenirs.

« Je n'ai jamais vu de groupes d'enfants qui ne soient pas méchants. Et partout, j'ai été harcelée parce que je suis différente. »

Ce n'est pas facile de rester assise devant le Parlement pendant sept heures par jour, trois semaines d'affilée.

Beaucoup de gens viennent discuter.

Ce sont le plus souvent des gens sympathiques qui veulent la soutenir et dire qu'ils écoutent ce qu'elle dit. Plusieurs fois par jour, des gens viennent dire qu'ils ont décidé de ne plus prendre l'avion, la voiture, ou de devenir véganes grâce à elle.

Pouvoir influencer tant de gens en si peu de temps, c'est vertigineux mais d'une façon très positive.

Mais une partie d'entre eux sont critiques aussi, bien sûr.

Beaucoup veulent débattre.

« Qu'est-ce qui est le plus pénible ? » demandé-je.

Nous sommes dimanche, C'est dimanche, nous sommes libres, nous sommes assis au petit bonheur à même le sol du salon.

« C'est très divers, répond Greta. Ceux qui disent que *nous sommes trop nombreux sur Terre*, par exemple. En partie parce que si nous sommes *trop nombreux*, nous devrions nous débarrasser de certains, et c'est comme ça. On suppose alors que c'est sans doute nous, les enfants ou les populations des pays en voie de développement, qui sommes le problème puisqu'on dit souvent qu'on ne devrait pas avoir d'autres enfants ou qu'*ils sont tellement nombreux en Inde, en Afrique et en Chine.* Mais le fait est que l'écrasante majorité des habitants de cette planète vivent au-dessus de leurs moyens. C'est ce que nous faisons, nous, les Suédois. C'est nous, qui vivons comme si nous disposions de quatre Terres, qui pensons que *nous sommes trop sur cette planète*. Si tout le monde devait vivre comme nous, la limite des 2 °C aurait été dépassée il y a très, très longtemps. Il n'y aurait plus aucun avenir possible. »

Greta est assise par terre, Moses dort devant elle, étalé sur le tapis à motifs rouges que nous avons acheté aux enchères sur le Net, il y a près de dix ans. Malgré toute la saleté et les poils de chien qui se sont accumulés dessus, il a toujours l'air beau et propre.

« Et puis il y a ceux qui veulent parler de l'énergie atomique, poursuit-elle. Ils ne parlent jamais de rien d'autre. Comme si la crise climatique ou écologique n'existait pas. Ils veulent juste parler d'énergie atomique. Ils n'ont aucune donnée. Ils n'ont même pas entendu parler des choses les plus élémentaires. Ils disent simplement : Que pensez-vous de l'énergie atomique ? Et puis ils sourient, comme s'ils avaient déjà résolu tous les problèmes que le monde rencontrera. Mais ce qui est terrifiant, c'est que les politiques font la même chose. Car ils savent que l'énergie atomique n'est plus une solution. Ce qui ne les empêche pas de répéter les mêmes arguments.

— Que disent les chercheurs ?

— Le GIEC dit que l'énergie atomique peut être une petite partie d'une grande solution globale, répond Svante. Mais ils disent aussi que la question de l'énergie peut être réglée rien qu'avec les énergies renouvelables. Ce n'est pas le rôle de la recherche de prendre position. En l'occurrence, les chercheurs ne discutent que de ce qui est physiquement possible. La climatologie ne s'occupe que très rarement de politique ou de paramètres concrets. Qu'il faille en pratique dix ou quinze ans pour construire une nouvelle centrale nucléaire – et que nous ayons besoin de milliers de centrales fin prêtes dès demain –, ce n'est pas un sujet de réflexion essentiel. »

Roxy se laisse tomber sur le tapis à côté de Greta et Moses. Elle se nettoie les pattes et s'étale, comme un reflet de Moses.

Et s'endort en deux secondes.

« OK, on a besoin de beaucoup de nouvelles énergies non fossiles. Et on en a besoin maintenant, reprend Greta. Alors on doit miser sur l'alternative la moins chère et la plus rapide, la meilleure. Alors pourquoi miser sur une chose qui nécessite plus de dix années de construction alors qu'on a le vent et le soleil disponibles en quelques mois seulement ? Pourquoi miser sur une chose si chère, alors que le vent et le soleil le sont beaucoup moins – et le sont de moins en moins à chaque minute qui passe ? Pourquoi miser sur une chose extrêmement risquée quand on peut miser sur une qui ne l'est pas du tout ? On n'a même pas réglé le problème du stockage final des déchets nucléaires existants. Et si on remplaçait toutes les énergies fossiles par le nucléaire, on aurait besoin de finir une centrale nucléaire par jour à partir d'aujourd'hui. Rien que la formation des ingénieurs censés les construire pendrait des décennies. Alors, l'énergie atomique est une alternative complètement impossible. Tout le monde le sait. Pourquoi continuent-ils donc d'en parler ? répète-t-elle. Ça me fait vraiment peur. Car ou bien les politiques sont assez bêtes pour ne pas le comprendre, ou bien ils veulent juste gagner du temps. Et je ne sais pas ce qui est le pire.

— Je crois que la question de l'énergie atomique a une importance symbolique énorme pour plein, plein de gens », répond Svante. Il s'est juché sur le tabouret de bar près de l'îlot de cuisine au milieu du salon. « Quand on ne veut pas parler du climat, on peut toujours parler de l'énergie atomique, parce qu'on sait que la conversation bloque toujours à ce niveau. L'énergie nucléaire est la meilleure amie des retardateurs de la question climatique. Je le sais, j'ai été comme ça. Je trouvais que c'était une bonne solution de continuer à utiliser l'énergie nucléaire et tous les écologistes qui voulaient la supprimer avaient un côté affreusement embêtant et réactionnaire. Je crois que c'est une question d'avenir et d'optimisme. Je voulais croire que l'homme pourrait tout arranger. Que nous avions réussi à trouver toutes les solutions. Car si nous avions réussi, nous n'avions pas besoin de changer. Et nous n'avions pas besoin de changer cet ordre mondial actuel qui me permettait à presque n'importe quel moment d'aller à peu près partout. Dans ce cas, je pouvais acheter la Range Rover dont je rêvais en cachette. Et je pouvais manger ce qui me chantait puisque l'homme avait réussi à dompter la nature, et rien n'avait besoin d'être modifié. Sauf mettre un peu plus d'ordre, peut-être. »

Svante se gratte la tête, s'étire et se tourne à demi sur son siège avant de poursuivre :

« Je crois qu'on doit éviter de parler d'énergie nucléaire, complètement. Car tant qu'on ne parle pas de solutions globales, c'est complètement inintéressant. Il y a cinq ou dix ans, les choses étaient peut-être différentes. Il y avait toujours une chance qu'une centrale nucléaire très améliorée puisse être un élément de solution. Mais la crise actuelle n'est pas la même qu'il y a ne serait-ce que deux ou trois ans.

— Pourquoi certains politiques sont-ils contre le solaire et l'éolien ? me demandé-je. Parce que c'est gratuit ? Trop simple ? Parce que tout le monde peut produire sa propre énergie et que des pays peuvent devenir véritablement indépendants ? »

Roxy se réveille. Elle se lève et renifle autour de Greta et Moses avant de se recoucher. Cette fois avec la tête près des pattes arrière de Moses.

Nous restons silencieux un moment. Sous la cage thoracique, on voit battre le petit cœur de labrador. Greta passe la main sur la fourrure noire.

« Mais le plus pénible de tout, ce sont tous ces gens qui viennent vendre quelque chose. Salut, j'ai une société et je me demandais si vous voudriez coopérer avec nous. Ou ceux qui me proposent des conférences, qui veulent faire un livre, un documentaire ou Dieu sait quoi. Tous ceux qui tentent leur chance. Nous qui faisons la grève, nous disons que tout le monde doit faire quelques pas en arrière, car c'est la seule façon de sauver le climat, et nous rencontrons le plus souvent des gens qui veulent aller de l'avant. Saisir l'occasion. Miser sur eux-mêmes et devenir ce qu'ils ne sont pas encore. »

Sept milliards d'individus, qui veulent tous se réaliser, me dis-je. Mais il n'en est rien.

Il n'y a qu'une petite minorité qui vit hors des frontières planétaires de ce qui est durable.

Le problème, c'est que nous faisons partie de cette minorité.

Le problème, c'est que nous, qui avons déjà suffisamment dans tous les domaines, nous sommes incités à faire pire.

Acheter plus.

Voyager plus.

Manger plus.

Faire plus.

Parfois, nous pensons à ce que c'était avant.

Comment a-t-il été possible de ne pas voir ce que nous voyons si nettement aujourd'hui ?

Et à quoi nos vies auraient-elles ressemblé sans nos filles ?

Auraient-elles continué comme d'habitude, ces trois ou quatre dernières années, sans elles ?

À quoi notre quotidien aurait-il ressemblé si nous n'avions pas pris conscience de notre propre échec au moment où nous sommes arrivés à court d'arguments ?

J'espère que nous aurions agi malgré tout. Que nous aurions changé nos vies.

Mais j'en doute.

Parfois, nous pensons à la façon dont nous aurions réagi en découvrant soudain une fille de quinze ans assise devant le Parlement pour faire la « grève scolaire pour le climat ».

Aurions-nous choisi de ne pas l'écouter ?

Aurions-nous fermé les yeux ?

Aurions-nous choisi de recourir à l'une des nombreuses théories de la conspiration, car *il doit nécessairement s'agir de quelque chose de louche* ?

SCÈNE 103

Générale

Le phénomène continue de croître. De plus en plus vite, à chaque heure qui s'écoule. À la fin de sa grève, Greta est suivie par des équipes télé de la BBC, des Allemands d'ARD et des Danois de TV2.

J'ai une répétition générale, ces soirs-là. C'est bientôt la première de la comédie musicale *Comme au ciel*, et les journées de travail sont longues au théâtre. Greta dort quand je rentre, et je dors quand elle s'en va. Je n'entends pas quand les journalistes se faufilent dans l'appartement pour filmer toutes les occupations matinales de Greta.

Le dernier vendredi, on fait la grève à plus de cent endroits dans toute la Suède. En Allemagne, en Finlande et en Grande-Bretagne, certains individus isolés se sont joints à leur tour. Aux Pays-Bas, à La Haye, une centaine d'enfants font la grève devant le Parlement. En Norvège, ils sont plusieurs milliers.

C'est d'une taille étourdissante.

Janine O'Keeffe est l'une des activistes qui ont rejoint la grève, et elle essaie de tout organiser. Elle est australienne, elle a un petit réseau d'autres activistes

Aurions-nous accusé la Chine ?

Nous serions-nous énervés sur la gréviste ?

L'aurions-nous détestée, tout simplement ?

Aurions-nous choisi de regarder ailleurs, à la recherche d'une possibilité de continuer comme avant ?

Aurions-nous – par honnêteté – choisi tout à fait volontairement de faire quelques pas en arrière ?

qu'elle connaît depuis longtemps. Des biologistes et Greenpeace aident aussi. Et beaucoup d'autres, bien sûr : Klimatsverige, l'Association de protection de la nature, We don't have time, Stormvarning, Föräldravrålet, les Artistes pour l'environnement.

Tous ceux qui se battent d'une façon ou d'une autre pour l'environnement et le climat aident à leur manière.

Autant qu'ils le peuvent.

Au total, ce sont un millier d'enfants et d'adultes qui viennent tenir compagnie à Greta pour sa dernière journée de grève. Des médias de plusieurs pays transmettent en temps réel la situation sur Mynttorget.

Elle a réussi.

Greta a réussi ce qu'elle avait décidé de faire.

Elle a fait la grève devant le Parlement pendant trois semaines.

Elle a veillé à ce que la question du climat fasse l'objet d'une attention un peu plus soutenue.

Ou beaucoup plus.

Des gens disent qu'elle fait davantage seule pour le climat que les politiques et les médias en plusieurs années.

Mais Greta n'est pas d'accord.

« Rien n'a bougé, maintient-elle. Les émissions continuent à augmenter et il n'y a aucun changement en vue. »

À 15 heures, Svante vient la chercher, et ils s'en vont lentement sous la voûte de Riksgatan retrouver les vélos attachés devant Rosenbad.

« Tu es contente ? » demande Svante.

Greta garde le silence.

Il répète sa question, mais Greta ne répond pas.

Ils détachent les vélos et se préparent à rentrer.

« Non, lâche-t-elle, les yeux rivés sur le pont entre eux et le quartier de Gamla Stan. Je pense continuer. »

SCÈNE 104

Fridays for future

Le lendemain, c'est le samedi 8 septembre. On est à la veille des élections législatives, et Greta doit s'exprimer à l'occasion de la *People's Climate March* à Stockholm. Dans le monde entier, des dizaines de milliers de personnes vont manifester pour le climat. Beaucoup de gens rêvaient d'une manifestation de très grande ampleur à travers le monde, mais il est peu probable que cet intérêt existe.

Beaucoup espèrent toujours, mais malgré la chaleur estivale intense et les conditions météo de plus en plus extrêmes dans le monde, le mouvement international pour le climat et l'environnement avance toujours très lentement.

Greta doit s'exprimer à la fin du défilé, près du Palais royal. C'est prévu depuis longtemps. Elle envisage de lire un texte qu'elle a écrit pour la revue *ETC*.

Mais à présent, elle veut faire un discours de plus.

Au début.

Avant qu'ils ne commencent à défiler.

Svante lui demande si c'est vraiment une bonne idée.

Elle n'a encore fait qu'un seul discours. C'était sur Nytorget, devant un restaurant où quelques artistes, dont plusieurs amis, incitaient à « appuyer Greta » par le biais d'un concert de soutien.

Avant cela, elle n'a jamais parlé devant plus de personnes que ce que contient une salle de classe, et dans ce cadre elle n'avait pas spécialement l'air dans son assiette.

Au contraire.

Mais elle est très obstinée et Svante appelle Ivan, de Greenpeace, qui dit que c'est compliqué de gérer tant de desiderata avant la manifestation, mais il va s'en dépêtrer.

« D'une façon ou d'une autre. »

Il y a beaucoup de monde dans le Rålambshovspark. Près de deux mille personnes se tassent sur la scène du Parkteater derrière les buttes vertes en direction de Västerbron. C'est déjà deux fois plus que l'affluence habituelle pour une manifestation pour le climat. Et d'autres arrivent.

L'air est doux.

Le vent souffle dans les arbres, les bannières et les banderoles, et bien que tout le monde sache que c'est encore très loin de ce qu'il faut pour mettre la question climatique au centre des débats, il y a quand même une perception un peu différente de cette manifestation.

Ce n'est pas comme d'habitude.

C'est comme si quelque chose pouvait se produire.

Bientôt.

C'est peut-être le mélange de gens qui en est la cause.

Il n'y a pas que les visages connus. Les habitués. Les activistes. Les volontaires de Greenpeace en costumes d'ours blancs.

On trouve soudain tous les genres de personnes.

Des gens qui pourraient travailler dans n'importe quel domaine. Et voter n'importe quoi.

« C'est ma toute première manifestation, confie un quadragénaire bien mis.

— Moi aussi », rit une femme à côté de lui.

Le conférencier présente Greta, elle s'avance lentement, mais avec détermination, vers le milieu de la scène en terre battue au centre de l'amphithéâtre. Elle est accompagnée de trois des filles qui ont fait la grève avec elle ces deux dernières semaines : Edit, Mina et Morrigan.

Le public crie et applaudit.

Svante, en revanche, est terrorisé. Que va-t-il se passer maintenant ?

Va-t-elle parler ? Va-t-elle se mettre à pleurer ? Va-t-elle s'enfuir à toutes jambes ?

Il se sent comme un très mauvais parent, qui n'a pas réussi à dire « non » dès le début, tout simplement. Tout ça commence à sembler trop grand, trop irréel.

Mais Greta est calme comme tout.

Elle sort son discours de sa poche et regarde la tribune en forme d'éventail. Son regard parcourt la foule.

Puis elle prend le micro et se met à parler.

« Bonjour, je m'appelle Greta. Je vais parler en anglais, à partir de maintenant. Et je veux que vous utilisiez vos téléphones pour filmer ce que je vais dire. Ensuite, vous pourrez le partager sur les réseaux sociaux. »

Le public rit, un peu surpris, les portables sortent et les gens se préparent à filmer. En quelques secondes, presque tout le monde a l'écran braqué vers les quatre adolescentes sur scène.

« Je m'appelle Greta Thunberg et j'ai quinze ans[1]. Et voici Mina, Morrigan et Edit ; ces trois dernières semaines, nous avons fait la grève scolaire pour le climat. Elle s'est terminée hier. Mais. »

Elle marque une pause.

« Nous allons continuer cette grève scolaire. Chaque vendredi à partir de maintenant, nous nous installerons devant le Parlement suédois jusqu'à ce que la Suède se conforme à l'accord de Paris. »

Le public réagit avec enthousiasme.

Beaucoup de gens lui ont dit que la grève devait avoir une liste de revendications à l'intention des politiques. Un manifeste, un truc dans le genre.

Mais Greta refuse de formuler la moindre revendication concrète.

« Si nous proposons plein de solutions spécifiques, tout le monde croira que c'est suffisant. Mais ce n'est pas le cas. Nous avons besoin de changements de fond et d'une toute nouvelle façon de penser. Ce qu'il faut – ce qu'il y a entre les lignes de tous les rapports

---

1. Le présent discours est en anglais dans la version originale (NdT).

et tous les traités –, c'est beaucoup plus radical que ce qu'aucun manifeste pourra jamais contenir, a-t-elle maintes fois répété. Notre unique chance est de déléguer tout ce qui doit être fait aux scientifiques. Nous sommes des enfants. Nous ne pouvons que nous référer à ce que disent les chercheurs. »

Le vent tiède de cette fin d'été joue dans les frondaisons, très au-dessus du Rålambshovspark. Les cris du public se calment, et Greta poursuit.

« Nous vous demandons instamment de faire de même. Allez-vous asseoir devant votre Parlement ou les locaux de votre gouvernement, où que vous soyez, jusqu'à ce que votre pays soit engagé de façon certaine sur le chemin d'un objectif de 2 °C ou moins. Nous avons beaucoup moins de temps que nous ne le pensons. Un échec serait synonyme de désastre. »

Greta tient le micro dans sa main droite, et dans la gauche elle tient le papier plié qu'elle lit. Sa voix est ferme, on ne distingue pas le moindre signe de nervosité. Elle a l'air d'apprécier la situation. Elle sourit même de temps en temps, et Svante s'est déjà détendu à la tribune.

« Les changements nécessaires sont énormes, et nous devons tous y contribuer, dans tous les aspects de notre vie quotidienne. Surtout nous, dans les pays riches, dont aucun ne fait assez, c'est le moins que l'on puisse dire. Les adultes ont failli à notre égard, et puisque la majorité d'entre eux, y compris la presse et les politiques, continuent d'ignorer la situation, nous devons prendre les choses en main. Dès demain.

Chacun est le bienvenu. Chacun est nécessaire. Rejoignez-nous. Merci. »

Le public se lève. Crie, applaudit.

« Vous devez être très fier », glisse la femme à côté de Svante. Elle a reconnu en lui le père de Greta.

« Fier ? répète Svante, très fort pour couvrir le vacarme du public. Non, je ne suis pas fier. Je suis juste infiniment heureux de constater qu'elle va bien. »

L'ovation se poursuit. Greta se penche vers Edit et lui chuchote quelque chose. Elles échangent un hochement de tête.

Et Greta affiche le plus beau sourire que j'aie jamais vu sur son visage.

Je regarde tout ça en live sur mon portable, depuis le couloir des loges de l'Oscarsteatern.

Les larmes coulent sans interruption.

SCÈNE 105

Espoir

La question, c'est de savoir quel souvenir nous laisserons.

Nous qui avons vécu à une époque bouillonnante.

Qu'allons-nous laisser derrière nous ?

Dans une perspective durable, nous avons échoué sur tous les points, jusqu'à présent.

Mais.

Nous pouvons changer tout cela.

Très vite, qui plus est.

Nous avons toujours la possibilité de tout rectifier, et il n'y a rien que l'homme ne puisse atteindre, si seulement il le veut.

L'espoir est présent partout, mais cet espoir-là pose des conditions.

Car sans exigence, l'espoir sonne creux – il constitue un obstacle vers les grands changements nécessaires.

Mon espoir répond favorablement à notre bonne volonté et à notre imperfection.

Le chemin en avant ne passe pas par des battues et des chasses aux sorcières, il n'oppose pas certaines actions à d'autres.

Mon espoir réclame une action radicale.

Mon espoir ne parle pas de ce que les autres doivent faire et de ce dont nous devons nous débarrasser dans dix ans, car dans dix ans il sera peut-être déjà trop tard.

Mon espoir ne se trouve toujours qu'ici et maintenant, et je suis convaincue que le politique à qui je choisis de conseiller des changements radicaux va être positivement surpris. S'il est prêt à essayer de vivre comme il en a l'air.

Les plus grands dirigeants de l'humanité, ceux dont on se souviendra, ont tous eu une chose en commun – au bon moment, ils ont choisi de placer l'avenir avant le présent.

Et si notre destin est entre les mains des médias, il ne pourrait pas être en de meilleures mains.

Les médias savent bien entendu déjà quelle responsabilité repose sur leurs épaules. Ils connaissent les choix rédactionnels qui ont été effectués et savent comment les rectifier. Ils savent quelle confiance future est en jeu.

Chaque action isolée est une partie d'un mouvement collectif qui grossit et se renforce d'un jour sur l'autre. Dans l'attente des exemples, des rédactions et des politiques, nous devons faire tout notre possible.

Et même ce que nous ne pouvons pas faire.

Nous devons abandonner toutes les cartes et nous lancer dans l'inconnu.

Nous devons commencer à écouter tout ce que nous avons cessé d'écouter.

Nous devons avancer à grands pas en conservant une porte ouverte et accueillante derrière nous.

Chacun est le bienvenu.

Nous avons besoin de tout et de tous.

SCÈNE 106

Depuis le début – de nouveau

Tard un soir, alors que l'appartement est plongé dans l'obscurité, mon téléphone sonne. Greta, Svante et les chiens dorment depuis longtemps. C'est Beata, qui envoie un SMS depuis son lit, à l'étage supérieur.

« Ça me correspond parfaitement », écrit-elle.

Beata a envoyé un lien YouTube et une copie d'écran d'une page Internet. « *Misophonia* », lit-on. Misophonie.

« Je cherchais des diagnostics, dit-elle. Ça décrit exactement les choses. »

Je lis. Je fais défiler.

Je lis encore un peu. Qu'est-ce que c'est que ça ? Encore un cul-de-sac ? Encore une voie de garage fabriquée par des gens cupides attirés seulement par les bénéfices qu'on peut tirer d'une maladie ?

Mais non.

La misophonie existe vraiment. Des articles ont été publiés dans le *New York Times*, *Sydsvenska Dagbladet* et plein d'autres revues, et tout va dans le sens de Beata.

Absolument tout.

La misophonie est un syndrome neurologique qui implique une difficulté intense face à certains sons.

Des sons du quotidien. Comme une respiration, des bruits de bouche, des chuchotements. Ou le cliquetis des couverts sur la porcelaine.

Bien sûr, tout le monde s'énerve sur des sons très différents. Mais pour une personne sujette à la misophonie, ces *sons déclencheurs* occasionnent souvent des perturbations telles qu'on ne fonctionne tout simplement plus. La réaction la plus courante est la fureur.

Beata a maintes fois répété qu'elle ne peut pas se concentrer si quelqu'un chuchote, par exemple.

« C'est impossible. Quand on est assis à côté de quelqu'un qui renifle, on ne peut rien faire. C'est la colère qui prend le pas. »

La misophonie est un tout nouveau concept, mais elle existe, avec une recherche apparentée.

Une étude de l'université d'Amsterdam recommande de faire sans tarder de la misophonie un diagnostic, puisque les personnes touchées ont un handicap net qu'elles ne peuvent pas gérer seules.

« La misophonie est un handicap destructeur pour les personnes concernées et leurs familles, et nous ne savons encore rien des mécanismes qui en sont responsables », lit-on dans une vaste étude réalisée en 2017 par l'université de Newcastle.

Il existe des liens avec le TDAH et les troubles autistiques. Il existe des liens avec le stress.

Et je n'avais encore jamais entendu ce terme. En dépit des milliers de pages que j'ai lues, de tous les rendez-vous, de toutes les discussions.

« La connaissance de la misophonie rappelle la façon de voir le TDAH il y a quelques décennies », écrit un psychologue et auteur américain.

Les moyens existent. Les adaptations sont possibles.

Mais il n'y a encore aucune carte. Le territoire est inconnu.

Et nous reprenons depuis le début. Encore une fois.

SCÈNE 107

Soupapes de sécurité

Il y a tant de choses que nous ne savons pas. Beaucoup de gens disent que l'homme a déjà compris l'importance de la crise climatique et de la durabilité. Que nous refoulons.

Mais c'est faux.

Notre ignorance est très supérieure à ce que nous croyons.

Nous ne savons pas.

Nous ne comprenons pas.

Des décennies de connaissances cruciales doivent encore nous parvenir.

Une majorité sans cesse croissante de la population mondiale n'a aucune idée de ce qu'implique véritablement la crise climatique.

Et c'est justement là, dans cette connaissance, que se trouve l'espoir dont nous avons besoin.

Car imaginez, si nous avions su ?

Si nous avions fait tout ce que nous faisons à dessein ? En toute connaissance de cause ?

Imaginez que nous continuions aujourd'hui à faire ce que nous faisons en dépit de notre pleine connaissance des conséquences de la catastrophe écologique que nous laissons derrière nous ?

Comme si l'homme était intentionnellement mauvais ?

C'est impensable.

Et imaginez que le seuil de douleur de l'humanité soit légèrement supérieur ?

Imaginez que nous puissions continuer à vivre comme nous le faisons sans qu'autant d'entre nous aient commencé à s'écrouler et à tomber ?

Alors, il serait trop tard.

Toutes les injustices sociales, l'oppression, les maladies mentales et l'épuisement existeraient en vain.

Mais il n'en est rien.

Il y avait plein de soupapes de sécurité, et c'en est une.

Elle dit qu'il reste du temps.

Elle dit qu'il existe un système politique qui nous permet de réparer ce qui s'est cassé et de créer quelque chose de juste, nouveau, meilleur. Elle dit qu'un outil existe, et que cet outil s'appelle éducation populaire.

La crise climatique est l'un des nombreux symptômes d'un monde non durable.

Un symptôme aigu.

La crise de la durabilité est aussi un choix.

Une possibilité de tout remettre d'aplomb.

Et c'est là que se trouve notre espoir.

SCÈNE 108

Scène libre

Je crois que la vie n'est pas une illusion. Et je crois que nous devrions réfléchir.

De tous les hommes qui ont peuplé cette Terre, 7 % sont vivants aujourd'hui.

Nous le sommes.

Nous ne faisons qu'un. Nous sommes une partie d'un tout qui s'étire en avant et en arrière dans le temps, et il nous revient, à ces 7 %, de garantir un avenir à tous.

C'est notre mission historique et nous avons besoin les uns des autres.

Plus que jamais.

Nous avons besoin de la technique. Nous avons besoin de l'agriculture et de la sylviculture durables. Nous avons besoin des sociétés, des économistes, des politiques, des journalistes et de la recherche, et nous avons besoin de notre fantastique capacité d'adaptation et de changement.

Mais plus que tout, nous avons besoin de dire oui à la bonne volonté de chacun.

Nous avons déjà réglé la crise climatique. Nous savons précisément ce qu'il faut faire.

Il ne nous reste plus qu'à nous décider.

Économie ou écologie ?

Nous devons choisir.

Au moins jusqu'à ce que nous soyons en lieu sûr.

C'est absurde que nos défis purement existentiels soient toujours réduits à de la politique de parti. Il devrait être évident pour tout le monde que nous devons garantir les ressources limitées qui permettront une vie à venir. Tout comme la conviction que le chemin en avant nécessite parfois de faire quelques pas en arrière.

Tout comme l'égalité et la valeur égale de tous les hommes doivent être aussi évidentes que les partis politiques le prétendent.

Mais ça ne l'est pas.

Au contraire.

Et pour cette raison, aucune question n'est plus politique.

Elles sont liées.

C'est la même chose.

Car quand le dioxyde de carbone de notre inaltérable société macho atteint les couches supérieures de notre atmosphère et tape littéralement le plafond, quand la loi disant que tout doit grossir, aller plus vite, augmenter, s'oppose à notre survie collective, un nouveau monde se profile ; il n'a jamais été aussi près que maintenant.

Ou si loin.

Un monde modéré.

Un monde dans lequel une petite fille armée d'un compte Instagram et de la photo d'un ours polaire peut défendre aussi efficacement la sécurité collective que toutes les armées du monde réunies.

Nos limites apparaissent lentement. L'infini retrouve ses contours. Tout n'est pas possible et c'est bien. Car dans la modération, il y a une autre liberté, beaucoup plus vaste.

La lutte pour l'environnement est-elle le plus grand mouvement féministe au monde ? Pas parce qu'il doit d'une façon ou d'une autre exclure les hommes, mais parce qu'il émane des structures et des estimations qui ont provoqué la crise dans laquelle nous nous trouvons.

La Terre mère est déjà en coulisses.

Le rideau va s'ouvrir d'une seconde à l'autre.

Nous devons commencer à parler de notre état.

Car c'est à nous, à présent.

C'est nous contre les ténèbres.

De bouche à oreille, de ville en ville, de pays en pays.

Nous organiser.

Agir.

Faire des ronds dans l'eau.

La scène est libre.

MERCI POUR VOTRE AIDE, VOTRE FORCE, VOTRE INSPIRATION

Anita et Janne von Berens, Anna Melin, Camilla Berntsdotter Lindblom, Hanna Askered et Lära Med Djur, Björn Meder, Jiang Millington et Barn i Behov, Pär Holmgren, Nils Erik Svedlund et le Centre pour les troubles alimentaires de Stockholm, Svenny Kopp, Kevin Anderson, Isak Stoddard, le personnel du BUP de Kungsholmen, Magdalena Mattson, Kerstin Avemo, Fredrik Kempe, Lina Martinsson, Helen Sjöholm et David Granditsky, Jenny Stiernstedt, Hundar Utan Hem, Leif Blixten Henriksson, Pernilla Thagaard, Stefan Sundström, Mårten Aglander, Jonas Gardell et Mark Levengood, Mina Dennert, Mats Bergström, Janne Bengtsson, Petronella Nettermalm, Sten Collander, Ola Ilstedt, Stina Wollter, Anders Wijkman, Özz Nûjen, Fredrik Marcus, Karin af Klintberg, Johan Ehrenberg, Alexandra Pascalidou, Staffan Lindberg, Björn Ferry, Heidi Andersson, Maja Hellsing, Jeanette Andersson, Mattias Goldman, Helle Klein, Nisse Landgren, Vicky von der Lancken, Kent Wisti, Anna Takanen, Cecilia Ekebjär, Rosanna Endre et Greenpeace Suède, le personnel d'Oatly Suède, Martin Hedberg, Malin Tärnström, Hanna Friman, Christoffer

Hörnell, Susanna Jankovic, Tomas Törnkvist, Frida Boisen, Carl Schlyter, Rebecka Le Moine, le Svenska Stråkensemblen, Oskar Johansson, Anders Amrén, Peter Edding, Helena Lex Norling, Djurens Rätt, Vi Står Inte Ut, le WWF Suède, l'Association de protection de la nature et nos familles.

Des remerciements tout particuliers à Jonas Axelsson, Annie Murphy et tous les employés de Bokförlaget Polaris.

Et, naturellement, merci à Elias Våhlund et Tom Goren, et à Sirkka Persson et le personnel de la Kringlaskolan de Södertälje.

Table

PAPIER À BASE DE FIBRES CERTIFIÉES

Le Livre de Poche s'engage pour l'environnement en réduisant l'empreinte carbone de ses livres. Celle de cet exemplaire est de :
150 g éq. CO_2
Rendez-vous sur
www.livredepoche-durable.fr

Composition réalisée par PCA

Achevé d'imprimer en France par
CPI BRODARD & TAUPIN (72200 La Flèche)
en octobre 2020
N° d'impression : 3040485
Dépôt légal 1re publication : novembre 2020
LIBRAIRIE GÉNÉRALE FRANÇAISE
21, rue du Montparnasse – 75298 Paris Cedex 06

47/0904/3